Roland Greger

AF285587

Weiß wie Blut

Was Christen wirklich glauben.
Ein lockerer Spaziergang durch die Bibel.

Roland Greger

Weiß wie Blut

Was Christen wirklich glauben.
Ein lockerer Spaziergang durch die Bibel.

2. überarbeitete Auflage

Die Bibelstellen wurden der
Revidierten Elberfelder Übersetzung (2006)
entnommen und in *kursiv* gedruckt.

© 2010, 2019 Roland Greger
2. Überarbeitete Auflage
E-Mail: mail@roland-greger.de

Herstellung und Verlag:
BoD - Books On Demand, Norderstedt
Printed in Germany

ISBN 978-3-8391-6134-0

Umschlaggestaltung: Roland Greger
Umschlagfoto: Fotolia

Die Deutsche Nationalbibliothek verzeichnet diese
Publikation in der Deutschen Nationalbibliografie;
detaillierte bibliografische Daten sind im Internet
über http://dnb.d-nb.de abrufbar.

Inhaltsverzeichnis

Einleitung: Mumpitz oder Gottes Wort?

Was hat es mit dem christlichen Glauben, dem Evangelium, auf sich? Dem wollen wir in diesem Buch auf den Grund gehen. Was soll das Ganze eigentlich? Bist du Christ, hast aber noch tausend Fragen, oder bist du Nichtchrist und hast dich schon oft gefragt, was das mit dem Glauben soll? In beiden Fällen bist du hier richtig.

Braue dir einen aromatischen Kaffee, hole dir leckere Kekse, mache es dir in deinem Lieblingssessel gemütlich und lass uns einfach locker in die Bibel eintauchen und gucken, was sie zu bieten hat. Mumpitz oder Gottes Wort? Das kannst du für dich selbst entscheiden, wenn du die grundlegenden Fakten einmal unvoreingenommen aufnimmst.

Zunächst legen wir ein massives Fundament und bauen dann das Haus darauf, Stein für Stein. So wachsen allmählich einzelne, scheinbar für sich stehende Dinge zu einem großen Mosaik zusammen und ergeben ein klares Bild. Vermeintliche Widersprüche, die der Bibel immer wieder unterstellt werden, ergänzen sich zu einer Einheit und der rote Faden des christlichen Glaubens zieht sich kontinuierlich von der Schöpfung, durch die Menschheitsgeschichte bis hin zur heutigen Gemeinde und weiter. Folge unserer spannenden Expedition durch den christlichen Glauben und bilde dir dann deine eigene Meinung.

Vom Atheisten zum Christen

„Religiöse" Menschen waren für mich früher schwache Persönlichkeiten. „Alles, was ich will, werde ich erreichen" prangte schwarz auf neonrotem Hintergrund in meiner Brieftasche. Das einzige, was ich brauchte, war ein klar abgestecktes Ziel, eine Vision, auf die ich mein Leben hinsteuern konnte und natürlich positives Denken. Ich war Herr und Meister meines eigenen Lebens. Umstände, die sich mir in den Weg stellten, bremsten mich vielleicht aus, aber sie konnten mich nicht daran hindern, meinen Weg zu gehen. „Probleme sind dazu da, um gelöst zu werden", das war mein Motto.

Was war mein Weg? - Eine Menge Geld scheffeln und andere Menschen für meinen Weg benutzen. Es gab nur zwei Möglichkeiten: wie benutzten mich, oder ich benutzte sie. Da zog ich die zweite Variante vor! Erkennst du dich selbst in dieser Haltung? Mit dieser Lebensphilosophie war ich sicherlich in bester Gesellschaft, sie ist weit verbreitet.

Die Welt drehte sich damals ausschließlich um mich, zumindest sah ich das so. Diese Haltung lässt natürlich keinerlei Raum für Andere, es sei denn, sie sind Teil der eigenen Strategie. Die Welt ist riesengroß und vielschichtig und trotzdem reduzierte ich den gesamten Kosmos nur auf mich!

Das Leben ist mehr als nur „Positives Denken", denn das ist nur die Spitze des Eisbergs. Wer Macht und

Sieg haben will, muss auch beeinflussen und manipulieren können. Hierfür war Esoterik für mich das geeignete Mittel. Ich rutschte hinein ins Übersinnliche und wollte auf diese Weise meine Macht über andere Menschen und die Umwelt immer weiter ausbauen.

Der Wachstumsprozess schritt voran und irgendwann war mir auch die „gewöhnliche" Esoterik zu wenig. So begann ich, Yoga zu praktizieren. Damit meinte ich nicht nur irgendwelche Körperübungen im Zusammenhang mit „Innerer-Ruhe-gewinnen", sondern echter Yoga, wie er seit Jahrtausenden in Fernost gelehrt wird. Ich versank in Meditation und versuchte eins zu werden mit der Göttlichkeit, damit ich das Rad der Wiedergeburt durchbrechen und zur Vollkommenheit gelangen könnte. Neu dabei war, dass nun der Begriff „Gott" oder „Gottheit" erstmals eine Bedeutung für mich gewann. Meine Entwicklung schien unaufhaltsam voranzuschreiten. Ich war der Suchende, der glaubte, seinen Weg gefunden zu haben. Bei all dem wollte ich immer noch die Welt für meine eigenen Zwecke ausnutzen.

Alle Religionen waren für mich eins: Wege zum unendlichen kosmischen Bewusstsein, nur eben verschiedene Wege, die schließlich in die Vereinigung mit dem großen Göttlichen münden würden.

Auch das Christentum war einer dieser Wege, nur, wie ich meinte, sehr umständlich und mühselig. Zwar war ich als Atheist groß geworden, doch immerhin evangelisch getauft und aufgewachsen in einer streng katholischen Gegend. Das christliche Brauchtum schien mir daher gut vertraut. In meinen ausgiebigen Spaziergängen sann ich oft über das Christsein nach.

Inzwischen hatte ich viele zentrale Stellen der Bibel gelesen. Dabei fand ich es äußerst bedauernswert, dass die Kirche heute so verschieden ist vom Urchristentum, wie wir es in der Apostelgeschichte finden.

„Nun, die Zeiten haben sich geändert und die Kirche war eben im Laufe der Jahrtausende verwässert worden. Das ist halt so!", dachte ich und entschied, auf meinem vermeintlich besseren Weg zu bleiben. Dennoch hatte bereits eine entscheidende Wende in meinem Leben begonnen. Ich, der ehemalige Atheist, reagierte inzwischen sehr positiv auf den Begriff „Gott".

Eines Tages erzählte mir ein damaliger Arbeitskollege von einer neu eingestellten Aushilfe in der Firma. „Sie rennt überall herum und predigt die Leute voll", meinte er. Ich schmunzelte und entschloss mich, dieses Mädchen kennenzulernen.

Wenige Tage später lief sie mir über den Weg. Wir wechselten ein paar Worte und nach kürzester Zeit kam das Gespräch tatsächlich auf Gott. Zwischen Tür und Angel ist diese Art Gespräch weniger effektiv, deshalb lud ich Esther für den übernächsten Tag zum Abendessen nach Hause ein.

Bei Spaghetti und Rotwein verlebten wir einen ausgiebigen und kurzweiligen Abend. Noch nie in meinem Leben hatte ich einen Christen auf solch eine fesselnde Weise über seinen Glauben reden hören.

4

All die verstaubten Rituale, die ich bisher von den Kirchen kannte, schienen überhaupt keine Relevanz mehr zu haben.

Natürlich gab auch ich meine Kenntnisse über „Gott und die Welt", die Religionen und meinen Weg der Selbsterkenntnis zum Besten. Ich fühlte mich sehr schlau und wollte dieser jungen Frau den Weg zur Wahrheit weisen. Trotz des wunderschönen und angeregten Gesprächs fanden wir keinen gemeinsamen Nenner. Die Einheit der Religionen, die ich bisher zu kennen glaubte, gab es nicht mehr. Wo immer ich anhebelte fand ich keinen festen Halt für meine Thesen.

Bald fühlte ich mich wie der Teilnehmer eines Tennismatches, bei dem meine Gegnerin jeden meiner Aufschläge meisterhaft parierte. So hilflos ich mir in diesem Gespräch auch vorkam, so sehr war ich fasziniert von ihren Worten und dem Christentum, das sich hier auftat. Ich fühlte die Apostelgeschichte, die ich so sehr vermisst hatte, wieder lebendig werden. Die Stunden flossen dahin und spät in der Nacht machte sich Esther auf den Heimweg. Es war bei weitem nicht alles gesagt. Im Gegenteil, es schien als sei gerade erst der Vorspann eines monumentalen Films abgelaufen. Der Hauptfilm sollte noch folgen.

Sie lud mich zum Sonntagsgottesdienst in ihre Gemeinde ein und verabschiedete sich.

Ich fühlte mich immer noch schlauer als sie, denn aus meiner Sicht hatte sie einfach nicht begriffen, worauf es tatsächlich ankommt. Also meditierte ich weiter und sie fuhr fort zu evangelisieren.

Am vierten Sonntag nach unserem gemeinsamen Abendessen war es schließlich so weit. Ich besuchte diesen ominösen Gottesdienst.

Der Weg führte in ein Gewerbegebiet vor den Toren Münchens. Es war wohl ein altes Fabrikgebäude, oder ehemalige Lagerhallen, was auch immer. Eine Kirche jedenfalls fand ich dort nicht.

Der Parkplatz vor dem Gebäude füllte sich rasant. Menschenmassen strömten hinein. Den Weg brauchte ich nicht lange zu suchen, ich folgte einfach dem Besucherstrom und landete in einer geschmackvoll ausgebauten Halle mit Hunderten von Stühlen. Die hintersten Reihen schienen mir gerade recht, platzierte mich dort und harrte der Dinge, die da kommen würden.

Nach einer mir endlos anmutenden Folge von Liedern einer Live-Band trat schließlich ein kleiner, smart wirkender Mann auf die Bühne, der Pastor dieser Gemeinde. Ich war von den wenigen Kirchenbesuchen in meinem Leben gewohnt, dass in Gottesdiensten Ruhe zu halten sei. Hier allerdings wurde gesungen, geklatscht, laut gebetet und der Pastor machte Witze, über die herzlich gelacht werden durfte. So etwas kannte ich nur aus amerikanischen Spielfilmen, in denen Gottesdienste von Farbigen dargestellt wurden.

„Aha, das gibt es also doch", dachte ich, lehnte mich entspannt zurück und lauschte den Worten des Pastors, jedoch nicht ohne Argwohn. Ich lauerte auf

Ösen und Haken in seinen Worten. Wenn es die geben sollte, würde ich die reale Absicht dieses Mannes sicherlich herausbekommen. Denn ich nahm an, er habe es, wie so oft, schlichtweg auf das Geld der Gottesdienstbesucher abgesehen.

Seine Rede erschien mir schlüssig. Er stellte weder sich selbst noch seine Institution in den Mittelpunkt. Sein Fokus war allein Jesus! Er zitierte verschiedene Stellen aus der Bibel und verknüpfte sie derart geschickt, dass seine Schlussfolgerungen absolut logisch nachvollzogen werden konnten.

„Gibt Sinn", dachte ich und versuchte, die Predigt objektiv zu bewerten. Auch den späteren Spendenaufruf empfand ich als unaufdringlich und manipulationsfrei, so dass ich zu dem Urteil kam, sein Beweggrund könne die von mir anfänglich unterstellte Jagd nach Geld nicht sein.

Meine Skepsis blieb und ich ging mit dem Vorsatz nach Hause, ihm noch auf die Schliche zu kommen. Dennoch wollte ich das Erlebte neutral in mir wirken lassen. Von diesem Sonntag an besuchte ich regelmäßig die Gottesdienste. Sollte der Pastor etwas im Schilde führen, dann würde ich das sicher herausfinden.

Der Stil der Veranstaltung blieb, es wurde gänzlich auf alt hergebrachte Rituale und Traditionen verzichtet. Stattdessen stützten sich die Predigten grundsätzlich auf die Bibel und waren, zu meinem anfänglichen Erstaunen, auch für den Ungeübten leicht verständlich und logisch nachvollziehbar. Die Widersprüche, die der Bibel oft nachgesagt werden, schienen sich zunehmend aufzulösen. Auch nach dem fünften und zehnten Gottesdienstbesuch konnte ich den Pastor, wie ursprünglich von mir beabsichtigt, keiner schändlichen Absicht überführen. Im Gegenteil, das Gesagte gewann immer klarere Formen. Als Logiker war ich nicht mit bloßen Gefühlsduseleien zu überzeugen. Der Pastor konnte mich nur mit nachvollziehbaren Fakten gewinnen. Genau die lieferte er, Sonntag für Sonntag! Ich fand Gefallen an der Bibel, an Jesus, an dem, was sich da auftat. Das traditionelle Christentum von früher rückte immer weiter aus meinem Bewusstsein und das biblische fand nahrhaften Boden in mir. Im Juni des Jahres 1990 betete ich zu Jesus und bat ihn, Herr über mein Leben zu werden und er ist es bis heute geblieben.

Jetzt wollte ich alles genau wissen. Deshalb ergriff ich die Möglichkeit einer Bibelschulausbildung in dieser Gemeinde, die im Oktober desselben Jahres ihr neues Trimester startete. Die Gemeinde bot auch Abendschule an und so konnte ich tagsüber weiterhin meinem Job nachgehen und abends das Evangelium Gottes gründlich studieren.

Die Erlösung durch das Kreuz Christi nahm in mir zu und die Selbsterlösung durch Meditation und Vermischung verschiedenster Religionen, die ich vorher so eifrig angestrebt hatte, verblasste.

Aus dem Suchenden wurde ein Findender. Ich höre so oft, dass wir alle doch in irgendeiner Form Suchende seien, jeder müsse seinen Weg finden. Für mich hörte diese Suche Anfang Juni 1990 auf. Ich bin angekommen.

Der Deal

Essen ist etwas Schönes! Es gibt wenig, das ich überhaupt nicht runter kriege, aber Leber und Produkte daraus zählen dazu. Leberwurst ist blanker Horror für mich!

Einmal besuchte ich für mehrere Tage gute Freunde im Saarland. Susannes Küche mundete mir bestens. Am dritten Tag machte sie „Gefüllte", eine Art saarländisches Nationalgericht. Ich hatte keine Ahnung was da auf mich zukommen sollte.

„Schmeckt dir bestimmt", meinte Susanne.

„Bisher hat mir alles von dir geschmeckt", erwiderte ich, fügte aber noch skeptisch hinzu: „Was ist das denn?"

„Das sind Klöße, gefüllt mit einer Leberwurst, die es nur hier im Saarland gibt." In mir zog sich alles zusammen.

„Ich werde sie selbstverständlich probieren", meinte ich, „aber sei mir bitte nicht böse, wenn ich davon kaum etwas esse."

Sie grinste: „Wetten, dass es dir schmeckt?"

Dann betonte sie nochmals, dass diese Art Leberwurst nur im Saarland zu finden sei. Ich zuckte die Achseln und wartete ab. Als das Essen beendet war, hatte ich drei dieser „Gefüllten" mit Genuss verschlungen!

In den Jahren, als ich noch Atheist war, konnte ich mit der Bibel überhaupt nichts anfangen, das glaubte ich zumindest. Ich urteilte, obwohl ich diese Schriften nicht kannte. „Schöne Märchen", meinte ich. Dieses Urteil fällte ich, ohne mich wirklich mit diesem Buch auseinander gesetzt zu haben. Heute sage ich, die Bibel ist eines der spannendsten Bücher überhaupt. Nein, es ist das spannendste Buch schlechthin.

Wenn du da anderer Meinung sein solltest, dann lass uns doch einen Deal miteinander machen. So, wie ich die „Gefüllten" zunächst abgelehnt habe, weil sie mit Leberwurst gefüllt waren und ich sie schließlich lieben lernte als ich mich darauf einließ, so koche ich dir ein Menü. Das Menü heißt Evangelium. Du bekommst Vorspeise, Hauptgang und Dessert in wohldosierten, leicht verdaulichen Häppchen, frischeste Zutaten, überaus schmackhaft, so dass dir wahrscheinlich schon beim Aperitif das Wasser im Mund zusammenlaufen wird.

Du darfst gerne skeptisch an dieses Experiment herangehen. Ich bitte dich nur, unvoreingenommen anzutreten. Wirf alle Vorurteile über Bord und lass das Kommende einfach neutral auf dich wirken. Nimm die Denkanstöße hin und entscheide erst, wenn du die verschiedenen Bausteine kennst.

Niemand kann ein Bild nach dem vierten Pinselstrich beurteilen, aber wenn am Ende Formen und Farben in buntem Spiel vereint sind, dann beginnt das Bild ein Eigenleben zu entwickeln, dann kannst du es betrachten und beurteilen, es als Blödsinn abtun oder dich fasziniert mitreißen lassen. So auch hier, lass dich ein, auf das Experiment Bibel. Wie kannst du mit Blut weißwaschen? Wir werden es herausfinden!

Die Bibel ist doch auch nur von Menschen geschrieben

„Ich glaube nur, was ich sehe", sagte er und machte ein ganz wichtiges Gesicht. Seine Frau lächelte spitzbübisch und konterte: „Jetzt wird mir einiges klar! Hast du denn schon einmal deinen Verstand gesehen?"

Eins zu null für sie! Es gibt Dinge zwischen Himmel und Erde, die können wir weder sehen, noch fassen. Ich habe noch nie Strom gesehen, auch kein Atom, obwohl jeder an deren Existenz glaubt. Ich habe auch noch keinen Wind gesehen oder die Gezeiten.

„Ist doch ganz klar", magst du jetzt antworten. „Den Wind kann ich spüren. Ebbe und Flut sind deutlich am Wasserstand des Meeres zu erkennen." Stimmt! Woraus schließt du also, dass es Strom gibt, Wind oder die Gezeiten? - Aus der Wirkung die diese Dinge hervorbringen.

Wer hat schon einmal Gott gesehen? - Niemand! Trotzdem glauben Milliarden von Menschen an ihn. Sind diese Leute alle Traumtänzer? Bevor du jetzt eifrig nickst, gehe lieber einmal in dich. Lies die Bibel, neutral bitte, ohne Vorurteile, und dann entscheide. Bist du danach immer noch der Meinung, dass es Gott nicht gibt oder er ein fernes, unwirkliches Wesen ist, so lass und trotzdem als Freunde auseinander gehen.

Lass uns aufbrechen auf eine Expedition in längst vergangene Zeiten, in ein Buch, das schon immer ein

Bestseller war, weltweit. Was ist denn besonders an der Bibel? Immerhin gibt es doch auch andere Schriften, die als Heiliges Buch verkauft werden.

Der Koran im Islam, die Bhagavadgita im Hinduismus, der Buddhistische Kanon oder der Tanach bei den Juden. Wer hat nun recht? Immerhin behauptet jeder in seiner Religion, dass er auf dem richtigen Weg sei. Auch der Atheist meint, seine Ansicht sei die einzig richtige. Der Liberale sagt, dass Gott eben in verschiedenen Kulturen und Zeiten verschiedene Religionen hat entstehen lassen und so kommen die Menschen auf unterschiedliche Weise zu ihm.

Nun, die Religionen haben aber nicht nur unterschiedliche Wege, sondern auch ihr Gottesbild unterscheidet sich oft drastisch voneinander. Verzerrt sich Gott selbst? Welchen Grund sollte er dafür haben?

Wenn ich von Berlin nach Neapel fahre, dann werde ich zwangsweise in Richtung Süden reisen. Fahre ich nach Westen komme ich nie an, fahre ich nach Osten komme ich ebenfalls niemals an. Und fahre ich nach Norden, dann wäre es theoretisch zwar möglich, hätte allerdings einen sehr langen Weg und mal ganz ehrlich: Meinst du, Otto Normalverbraucher würde es über den Nordpol nach Neapel schaffen? Es geht kein Weg daran vorbei, die Richtung lautet Süden!

Bei Gott ist es ähnlich. Warum sollte er denn unterschiedliche Wege auftun? Die Richtung zu ihm ist immer dieselbe. Er hat sie klar festgelegt und wer sich näher mit der Menschheitsgeschichte beschäftigt erkennt, dass der christliche Weg in sich logisch ist und zwangsweise zu Gott führen muss! Warum? Das werden wir im Laufe dieses Buches erarbeiten.

Ein Christ glaubt an Christus, deshalb wird er so genannt. Alles was wir von diesem Christus wissen müssen, finden wir in der Bibel und genau darauf berufen sich bibeltreue Christen. Sie sind der Ansicht, dass die Bibel Gottes alleiniges Wort ist, was zu beweisen oder zu widerlegen wäre. „Immerhin ist die Bibel doch auch nur von Menschen geschrieben worden", argumentieren viele Gegner. Stimmt! Also wollen wir einige Fakten betrachten, über die wir zumindest nachdenken sollten.

Beim einzelnen Fakt könntest du vielleicht noch sagen: „Na und?" Wenn du allerdings alle Fakten zusammen in deine Überlegungen einbringst, spätestens dann wirst du zugeben müssen, dass Zufall hier nicht mehr im Spiel sein kann.

Also, was ist an der Bibel besonders und unterscheidet sie von anderen Büchern und heiligen Schriften? Eine Information vorab: Die Bibel an sich ist gar kein Buch. Wir haben sie heute in Buchform vorliegen, aber im Grunde ist sie eine Sammlung von genau 66 Büchern (ohne Apokryphen), geschrieben von weit über 40 Autoren. Sie ist also eine Art Mini-Bibliothek. Damit sind wir schon bei Fakt eins: Die mehr als 40 Autoren der Bibel kommen aus den unterschiedlichsten sozialen Schichten: Einfache Bauern, Hirten, Fischer, Arzt, Priester und sogar Könige haben mitgewirkt. Sie alle lebten komplett verstreut in der gesamten alten Welt, entstammten also unterschiedlichsten Kulturen. Diese 66 Bücher wurden über einen Zeitraum von sage und schreibe 1500 Jahren verfasst. Kannst du dir das auf der Zunge zergehen lassen? Nur ein Beispiel zu dieser Größenordnung:

Hätte Karl der Große, der im neunten Jahrhundert gelebt hat, begonnen etwas zu schreiben, das von weiteren Autoren ergänzt würde, dann wären wir heute noch lange nicht fertig damit. Uns fehlten immer noch 300 Jahre. Neuntes Jahrhundert bis 300 Jahre nach jetzt! Wir können also mit Fug und Recht behaupten, dass die Autoren der Bibel unterschiedliche Hintergründe hatten.

Das Thema der Bibel ist immer Gott und seine Beziehung zu den Menschen. Das läuft wie ein roter Faden durch. Die Bibel beginnt mit dem Anfang von allem, mit der Schöpfung, und hört auf mit dem Untergang der heute existierenden Welt und dem Übergang in eine neue Welt. Auch die hat Gott für uns vorbereitet. Der Dreh- und Angelpunkt in all diesem ist das Erlösungswerk durch Jesus Christus. Was das genau ist, wozu Gott es uns geschenkt hat, warum es genau so geschehen musste wie es geschah und wieso es im Grunde gar nicht anders möglich war, das werden wir in diesem Buch nach und nach beleuchten.

Das Schöne dabei ist, dass sich die 66 Bücher der Bibel auf wundersame Weise zu einer vollkommenen Einheit ergänzen. Es gibt nichts, das hinzugefügt werden müsste, es gibt aber ebenso nichts, das weggelassen werden sollte. Viele Menschen meinen, die

Bibel sei voller Widersprüche. Sie kennen Gottes Wort nicht oder nur oberflächlich, stellen aber derartige Behauptungen auf. Auch etliche Theologen, quasi die Schriftgelehrten von heute, vertreten diese Ansicht. Wer aber die Bibel in ihrer kompletten Tiefe studiert, der wird erkennen, dass sie nur so lange widersprüchlich wirkt, wie der Betrachter nur Teile dieses genialen Buches separat betrachtet und nicht das Gesamtwerk hernimmt.

Dazu gibt es eine schöne Geschichte aus Indien:

Ein Maharadscha hatte drei Söhne, die fragten ihn, was denn ein Elefant sei. Der Maharadscha schwieg. Er deutete auf seinen Lieblingselefanten und befahl seinen Söhnen, ihn zu waschen, dann wüssten sie, was ein Elefant sei. Die Söhne machten sich ans Werk. Der erste putzte den langen Rüssel, der zweite stellte sich an die Seite des Tieres und wusch den mächtigen Körper, der dritte setzte sich rücklings auf den Elefanten und wusch die großen Ohren.
Nach getaner Arbeit liefen die Söhne selbstbewusst zu ihrem Vater und erklärten, dass sie jetzt genau wüssten, was ein Elefant sei. Der Maharadscha lächelte gütig und bat sie, es ihm zu erklären. Der erste meinte, ein Elefant sei wie eine Schlange, lang und sehr beweglich. Der zweite widersprach vehement und verglich das Tier mit einer gigantischen Mauer, über die niemand zu blicken vermag. Der dritte spottete, dass seine Brüder nichts verstanden hätten. Es

sei doch offensichtlich, dass ein Elefant einem riesigen Lappen gleiche. Ein heftiger Streit entbrannte, denn jeder war sich absolut sicher, immerhin hatte er gerade erst einen Elefanten gewaschen.

"Meine lieben Söhne, hört auf zu streiten", rief schließlich der Maharadscha. "Ihr habt alle völlig recht. Ein Elefant ist genau das, was jeder einzelne von euch gerade beschrieben hat. Aber nicht nur das eine oder das andere, sondern die Gesamtheit aller eurer Beschreibungen."

Ebenso ist die Bibel. Wenn du einzelne Verse oder einen Aspekt für sich allein herausnimmst, dann hast du in diesem Teil möglicherweise völlig recht, und trotzdem fehlt dir dabei der Gesamtzusammenhang und eine Folge daraus wäre eine Fehlinterpretation von Gottes Wort.

Christen fragen mich manchmal, ob ich denn die Bibel schon einmal komplett durchgelesen hätte. Ich lächle dann meist schweigend und nicke. Eine Reaktion der Fragensteller ist dann häufig: „Ja, das möchte ich jetzt auch mal angehen."

Die Wahrheit ist, ich gehe regelmäßig und sehr systematisch durch die Bibel, parallel Altes und Neues Testament. Auf diese Weise komme ich in knapp 15 Monaten durch das Alte und gleichzeitig fast dreimal durch das Neue Testament. Da ich das seit etlichen Jahren tue, habe ich die Bibel insgesamt schon oft komplett durchgelesen.

Wenn du Gott wirklich intensiv begegnen willst, dann „treffe dich" regelmäßig mit ihm, wie mit einem besten Freund. Wie geht das? Durch Eintauchen in sein Wort und tägliches Gebet.

Das Johannesevangelium beginnt mit den Worten Johannes 1, 1:

Am Anfang war das Wort, und das Wort war bei Gott und das Wort war Gott.

ER identifiziert sich selbst damit. ER und sein Wort sind eins! Beschäftigst du dich mit der Bibel, dann beschäftigst du dich mit Gott höchstpersönlich! Und im Gebet kommunizierst du mit ihm. Es ist keine Einbahnstraße. Reden *und* hören. Tust du beides regelmäßig, dann erübrigt sich irgendwann die Frage: „Was ist Gottes Wille für mich, was ist meine Berufung?"

Du wirst es wissen. ER freut sich, wenn du seine Nähe suchst und er wird dir antworten!

„Nähert euch Gott, dann wird er sich euch nähern" (Jak. 4, 8)

Auf diese Weise wird deine Beziehung zu Gott kontinuierlich wachsen.

Warum sollte ich der Bibel denn Glauben schenken? Dazu gibt es verschiedene Fakten, über die es sich nachzudenken lohnt.

Nochmals: An der Bibel waren über 40 Autoren beteiligt, die aus allen erdenklichen sozialen Schichten und Berufen kamen, vom Bauern und Hirten, bis hin zu Königen und sie alle wohnten verstreut über die ganze damals bekannte Welt. Diese Schreiber lebten zu unterschiedlichsten Zeiten, über einen Zeitraum von 1500 Jahren! Der rote Faden, der durch die ganze Bibel läuft, ist immer Gott und mündet in der Erlösung durch Jesus Christus. Die einzelnen Bücher innerhalb der Bibel ergänzen sich zu einer vollkommenen Einheit und ergeben ein klares Bild von Gott und seiner Beziehung zu uns Menschen.

Über 40 Autoren, unterschiedlichste Berufsschichten, ihre Herkunft ist über die ganze alte Welt verstreut, geschrieben über einen Zeitraum von mehr als 1500 Jahren. Und das alles ergänzt sich auf perfekte Weise?

Jetzt stell dir mal vor, wir wollten Menschen in ein und derselben Stadt über ein ganz einfaches Thema schreiben lassen. Welches Thema nehmen wir? - Kleidung! Nur sechs Leute, die alle hier und jetzt in derselben Stadt leben, meinetwegen auch nahezu gleich alt sind, schreiben über das Thema „Kleidung"! Glaubst du, dass diese wenigen „Autoren" auch nur ansatzweise übereinstimmen, geschweige denn sich ergänzen würden? Sie leben zur selben Zeit, sie leben in derselben Stadt und sind sogar gleich alt! Ich bin überzeugt, dass wir als Ergebnis sechs völlig unterschiedliche Abhandlungen erhielten.

Der eine zieht sich einfach etwas drüber, Hauptsache, er hat was an, sieht grässlich aus, aber das stört ihn reichlich wenig. Der Nächste geht nicht außer Haus, wenn er nicht das Feinste vom Feinen anhat. Seidenjackett, Pelzmantel, darunter geht gar nichts.

Der Dritte schaut, dass er so preisgünstig wie möglich einkauft, aber zueinander passen muss es schon. Und, und, und. Wenn wir diese zufällig ausgewählten Leute miteinander diskutieren ließen, dann käme bestimmt alles andere, aber keine Einheit heraus. Aber die Bibel ergänzt sich perfekt, und das obwohl sie unter immens schwierigeren Bedingungen entstanden ist.

„Das lässt sich doch überhaupt nicht miteinander vergleichen!", magst du jetzt einwerfen. Ja! Denn wenn Gott die Hände im Spiel hat, dann muss das Ergebnis anders sein! Gott hat die Bibel entstehen lassen, um uns Menschen das nahe zu bringen, was wir wissen müssen über uns selbst und über unsere Beziehung zu ihm.

Nun zu dem Thema: „Die Bibel ist doch auch nur von Menschen geschrieben!" - Ja, von wem denn sonst, soll sie vom Himmel fallen oder an einem Baum wachsen? Jesus selbst hat gesagt, dass er zwar gehen müsse, aber er werde den Heiligen Geist senden für alle, die an ihn glauben. Genau das ist 50 Tage nach seiner Auferstehung passiert. Seitdem wirkt der Heilige Geist in und durch alle Gläubigen. Die merken es oft nicht, aber der Heilige Geist wirkt trotzdem. Derselbe Heilige Geist hat bereits im Alten Testament durch auserwählte Personen gewirkt. Die Autoren der Bibel haben einfach ihre eigene Geschichte niedergeschrieben. Ihnen war die Tatsache sicherlich nicht bewusst, dass Gott sie benutzt, um sein Wort durch sie in die Welt zu bringen.

Noch ein Fakt, der es Wert ist, darüber nachzudenken: Es gibt einen Journalisten, der war überzeugter Atheist. Er meinte, das mit dem Glauben sei totaler Schwachsinn und nahm sich vor, das aller Welt zu beweisen. Also recherchierte er gründlich, wie es sich für einen guten Journalisten gehört, und zeichnete all seine Ergebnisse auf. Daraus sollte ein Buch entstehen, das endlich Schluss macht mit diesem naiven christlichen Glauben. Womit der Journalist allerdings am wenigsten gerechnet hatte war, dass seine Recherchen ihn immer weiter wegführten von dem Beweis *gegen* Gott. Je länger er in dem Thema herumstocherte, desto mehr musste dieser ursprünglich überzeugte Atheist zugeben, dass es stimmen muss, was die Bibel sagt. Als er schließlich fertig war, hatte er sich bekehrt und war bekennender Christ geworden. Das Buch, das den Glauben widerlegen sollte, brachte harte Fakten zum Beweis *für* den christlichen Glauben. Es handelt sich um das Buch „Der Fall Jesus" von Lee Strobel.

Anderes Thema: Wissenschaft! Wissenschaft und Glaube an Gott schließen sich gegenseitig aus. Das ist eine weit verbreitete Auffassung, die sowohl von Gegnern des Glaubens wie auch von Gläubigen vertreten wird. Es gab im Laufe der Jahrhunderte, speziell im 20. Jahrhundert immer wieder Geologen, die auf den Spuren der Bibel wandelten und krampfhaft biblische Stätten zu finden suchten, was ihnen allzu oft misslungen ist. Daraus entstand die hartnäckige Vermutung, dass die Bibel gar nicht stimmen könne. Inzwischen hat sich das Blatt gewandelt. In den letzten Jahrzehnten haben Geologen, die ganz andere Dinge finden wollten die Bibel benutzt, um dort Anhaltspunkte für ihre völlig unbiblische Suche zu entdecken. Sie haben die Bibel also schlicht und ergreifend als Orientierungsmaterial verwendet, wie ein Archiv. Und siehe da, einige Wissenschaftler sind dabei auf Dinge gestoßen, die sie zwar jahrelang vermutet hatten, aber geologisch niemals untermauert fanden. Sie haben die Bibel ganz einfach als Navigationsgerät verwendet für Dinge, die mit Glauben oder biblischen Stätten überhaupt nichts zu tun haben. Dabei haben sie, quasi als Nebenprodukt, den Beweis geliefert, dass die Jahrtausende alten Angaben in der Bibel zum Teil recht präzise dokumentiert sind und vor allem, dass sie stimmen. Der nebulöse Mythos Bibel entwickelte sich plötzlich zu einem Buch mit knallharten historischen Fakten. Darüber sollten wir nachdenken.

Interessant ist auch, dass es von alten, nichtchristlichen Schriften kaum noch Manuskripte gibt, die auch nur ansatzweise so vollständig vorhanden sind, wie die der Bibel. Von den biblischen Schriften fehlt nichts, was inhaltlich in irgendeiner Form relevant wäre. In Bezug auf den christlichen Glauben und die Erlösung durch Jesus Christus musste also absolut nichts rekonstruiert oder neu ergänzt werden. Nichts! So vollständig, wie die Schriften der Bibel heute erhalten sind, existieren nicht einmal die Werke von William Shakespeare, und die sind gerade mal gut 400 Jahre alt. Wie hat die Bibel das geschafft? Weil Gott natürlich darüber wacht, dass sein Wort erhalten bleibt, so wie er es uns gegeben hat.

Das Christentum ist im Grunde lediglich die Erfüllung des Judentums. Der in den alten jüdischen Schriften verheißene Messias ist gekommen, das ist Jesus. Mehr ist es nicht! Darum finden wir in unserem Alten Testament die wesentlichen Bücher der jüdischen Schriften wieder. Juden und Christen greifen auf dieselben Quellen zurück, sie sind eins. Bei den Christen sind die Schriften nur ergänzt durch das Neue Testament, welches das Leben und Wirken dieses erwarteten Messias beschreibt, niedergeschrieben von Augenzeugen. Jesus selbst hat über sich gesagt:

Matthäus 5, 17:
„Denkt nicht, dass ich gekommen bin, das Gesetz oder die Propheten außer Kraft zu setzen. Ich bin nicht gekommen, ihre Forderungen abzuschaffen, sondern um sie zu erfüllen."

Genau das hat er getan. Wir können die Ereignisse im Neuen Testament nur verstehen, wenn wir die vielen Bausteine des mosaischen Gesetzes und die Verheißungen der alten Propheten sinnvoll zusammensetzen.

Bereits die frühen Juden haben ihre Schriften ganz akribisch überwacht. Damals wurde auf Pergamentrollen geschrieben, die sehr schnell verwitterten. Also wurden die Schriften immer wieder kopiert. Nach dem Talmud mussten die jüdischen Gelehrten beim Kopieren der Heiligen Schriften strenge Regeln befolgen. So durfte zum Beispiel kein einziger Buchstabe aus dem Gedächtnis abgeschrieben werden. Am Ende einer Spalte wurden die Buchstaben nochmals gezählt. Bei Unstimmigkeiten oder Verschreiben mussten die Kopisten nochmals ganz von vorne anfangen! Auf diese Weise konnten sie eine absolut exakte Kopie gewährleisten. Die Schreiber waren peinlichst bemüht, den Text buchstabengetreu zu kopieren. Untersuchungen haben gezeigt, dass sich in den alten Handschriften trotzdem hier und da kleine Unterschiede eingeschlichen hatten. Die waren allerdings so unbedeutend, dass der Inhalt stets vollständig erhalten geblieben ist.

Die Masoreten, eine Gruppe jüdischer Gelehrter, kopierten ihre Heiligen Schriften nach diesen strengen Regeln. Sobald eine Schriftrolle alt zu werden begann, wurde sie neu kopiert und anschließend vernichtet. Dadurch konnten die Juden den Text originalgetreu bewahren.

Die Bibel ist ein Buch absoluter Glaubwürdigkeit. Dazu haben wir inzwischen etliche Gedankenanstöße gehört. Wer wirklich neutral darüber nachdenkt, der muss zwangläufig erkennen, dass so viele eigenartige „Zufälle" auf einem Haufen sehr unwahrscheinlich sind. Der Grund liegt auf der Hand: Gott wacht über sein Wort und er passt genau auf, dass es so erhalten bleibt, wie er es uns gegeben hat.

Wir haben über die Schreiber der Bibel gehört, über Wissenschaftler und Geologen, über einen Journalisten, der das Gegenteil beweisen wollte und darüber selbst gläubig wurde, darüber dass die Bibel bis heute präzise erhalten ist, wesentlich besser als die Werke des im Vergleich jungen Dichters Shakespeare und über die Art und Weise, wie die Juden dafür sorgten, dass ihre Schriften exakt kopiert wurden.

Einen Gedankenanstoß habe ich noch. Die Bibel ist nicht nur das am besten erhaltene Bücherwerk der Geschichte, es ist ebenfalls das meist verfolgte. Wie viele Feldherren und Herrscher haben immer wieder versucht, die Bibel zu vernichten. Dazu brauchen nur an das Dritte Reich zu denken. Mit wie viel Hass haben die Nazis versucht dieses Buch zu eliminieren! Keiner hat das jedoch geschafft. Viele Schriften konnten nicht einmal Jahrzehnte oder Jahrhunderte überdauern. Von allem, was jemals geschrieben wurde existiert nur noch ein minimaler Bruchteil. Die Bibel hat nicht nur Jahrhunderte, sie hat Jahrtausende überlebt, trotz massiver Anfeindungen. Und sie ist der Bestseller schlechthin. Sie ist weltweit das meistgedruckte Buch, ein weiterer Beweis für ihre Außergewöhnlichkeit.

Adam, wo bist du?

Meist im Februar ist die Zeit der Narren. Karneval, Fasching beherrscht die Welt. Die steht Kopf und die Menschen schlüpfen in die unterschiedlichsten Kostüme. Eine sehr beliebte Verkleidung ist ein Teufelchen mit kurzen Hörnern auf dem Kopf. Niedlich gemacht, aber hast du dir schon einmal überlegt, was hier tatsächlich dahintersteckt?

Satan wird oft in die Ecke der Mystik und Märchen gestellt. Selbst manche Christen glauben nicht, dass es ihn gibt. Sie glauben an Gott, aber verleugnen gleichzeitig die Existenz des Teufels. Die Bibel jedoch weist etliche Stellen auf, die ganz deutlich auf Satan hinweisen.

Offenbarung 12, 9:
Und es wurde geworfen der große Drache, die alte Schlange, der Teufel und Satan genannt wird, der den ganzen Erdkreis verführt, geworfen wurde er auf die Erde, und seine Engel wurden mit ihm geworfen.

Zunächst einmal hat die Bibel für dieses Wesen ganz unterschiedliche Namen: Drache, Schlange, Teufel, Satan – was übersetzt nichts anderes heißt als einfach: Widersacher. Ganz simpel!

Was tut er? Er verführt den ganzen Erdkreis. Darüber brauchen wir nicht groß zu diskutieren, wie böse die Welt ist, das erleben wir jeden Tag. Das geht in kleinsten Kreisen los, zum Beispiel in Familien und geht hinein bis in ganze Völker, Kriege entstehen.

„Warum lässt Gott so etwas zu?", magst du fragen. Das ist ein eigenes Thema, das wir später nochmals kurz anschneiden werden. Tatsache ist, dass dieses Böse nicht von Gott kommt, sondern vom Satan, der, wie unsere Bibelstelle sagt, den Erdkreis, also die Menschen verführt, die daraufhin das Böse tun.

Was sagt die Stelle noch? Er wurde auf die Erde geworfen und seine Engel mit ihm. Gemeint sind damit die Dämonen. Auch darauf kommen wir später nochmals zurück. Wichtig ist zu erkennen, dass hier auf dieser Erde eine Riesenschar an Bösem unterwegs ist, die uns Menschen mit allen Mitteln versucht zu ergreifen und für ihre Zwecke zu benutzen. Paulus sagt:

Epheser 6, 12:
Unser Kampf ist nicht gegen Fleisch und Blut, sondern gegen Mächte und Gewalten.

Er meint damit den Teufel und seine Handlanger. Böse ist nicht der Mensch an sich, sondern die finsteren Mächte im Hintergrund die versuchen, uns zu benutzen.

Zum Verständnis hierzu ein paar Informationen, die du alle in der Bibel finden kannst:

Warum „Satan und seine *Engel*?" Satan war einst selbst ein Engel Gottes, genannt Luzifer. Er war einer der ganz Großen, ein Engelsfürst. Seine Aufgabe war es, über die Erde zu wachen und sie zu bewahren. Für diese Aufgabe hat Gott ihm sage und schreibe ein Drittel aller Engel zur Verfügung gestellt.

Er war schön und anmutig. Wie großartig die Bibel ihn beschreibt, ist mit eigenen Worten kaum nachzuvollziehen. Aber dieser Schönling, dem die wahrscheinlich wichtigste Aufgabe im Himmel anvertraut war, hat sich erhoben. Er wurde hochnäsig und arrogant. Das ging schließlich so weit, dass er sich selbst über Gott erheben wollte. Gott lässt das nicht zu und schließlich wird der Satan, der Widersacher Gottes, aus dem Himmel verbannt und alle seine Helfer mit ihm. Auf diese Weise wurden Luzifers Engel zu Dämonen. Sie dienen ihm auch heute noch.

In Lukas 10, 18 sagt Jesus:
Ich sah den Satan wie einen Blitz vom Himmel fallen.

Das war diese Verbannung. Da Gott zu jedem Wort, das er einmal gegeben hat für immer steht, durfte der verbannte Satan an dem Ort bleiben, den er einst von Gott bekommen hatte, das ist unsere Erde. Hier wirkt er immer noch, das ist unübersehbar.

„Schöne Schauermärchen", magst du jetzt sagen. Nein, überhaupt nicht. Das ganze Evangelium gibt ohne diese Grundlagen überhaupt keinen Sinn und deshalb wirkt es für viele schlichtweg dumm. Diese Haltung ist absolut nachvollziehbar, aber wenn du die Zusammenhänge in der Bibel verstehen lernst, dann wird dir plötzlich klar, dass alles darin seinen

Sinn hat und dass es tatsächlich einen Gott gibt, der dich unsagbar liebt. Satan war also auf die Erde geworfen und hier fing er an mit seinen Verführungstaktiken.

Zunächst noch einen Gedankenanstoß zur Schöpfungsgeschichte. Den brauchen wir unbedingt.

1. Mose 1,
Vers 1. *Am Anfang schuf Gott den Himmel und die Erde*
Vers 3: *Und Gott sprach es werde Licht, und es wurde Licht.*
Vers 9: *Und Gott sprach: Es soll sich das Wasser unterhalb des Himmels an einen Ort sammeln, und es werde das Trockene sichtbar! Und es geschah so.*
Vers 11: Und Gott sprach: *Die Erde lasse Gras hervorsprossen, Kraut, das Samen hervorbringt, Fruchtbäume, die auf der Erde Früchte tragen nach ihrer Art, in denen ihr Same ist! Und es geschah so.*

„Und Gott sprach ..., und Gott sprach ..., und Gott sprach ... - ... und es geschah so!" Auf diese Weise hat er seine Schöpfung kreiert, die sich entwickelt hat, bis zur heutigen Welt.

Schon wieder ein Märchen, jeder weiß doch, dass unsere Welt durch den Urknall entstanden ist! – Woher eigentlich? Zeitzeugen haben wir jedenfalls keine, Fotos oder Filmaufnahmen existieren auch nicht und eine Altersbestimmung durch radioaktiven Zerfall funktioniert hier ebenfalls nicht.

Mal ganz ehrlich, was hört sich blöder an: Erstens, da ist ein Gott, der redet ein bisschen und plötzlich ist die Welt da. Zweitens, es gibt zwar nichts, aber dieses Nichts macht plötzlich bumm und dann ist die Welt da.

Es hört sich doch beides absurd an, oder? Da brauchst du über den Verfechter der anderen Theorie gar nicht zu schmunzeln, denn deine Version wirkt genauso dümmlich.

Interessant ist, dass immer mehr Wissenschaftler über ihre Arbeit plötzlich zum Glauben kommen und vor allem auch sehr bahnbrechende Wissenschaftler der Vergangenheit waren gläubig.

Leonardo da Vinci war gläubig, Galileo Galilei ebenfalls, Newton, und auch der Meister der Relativitätstheorie Albert Einstein. Er war gläubiger Jude und titulierte Gott häufig mit „alter Herr". Natürlich gibt es noch sehr viel mehr gläubige Wissenschaftler.

Warum sollte die wissenschaftliche Variante Urknall und die biblische Variante Schöpfung denn nicht ein und dasselbe sein? Gott spricht und der Urknall knallt! Das ist beides etwas Akustisches und danach ist der Kosmos plötzlich da. Könnte da ein Zusammenhang bestehen?

Wie kriegen wir jetzt noch Darwin mit seiner Evolutionstheorie und den Rest der Schöpfungsgeschichte unter einen Hut? Diese Frage kann ich auch nicht auflösen, aber eine Anregung zum Nachdenken bringe ich doch mit.

Laut Bibel wurde die Welt in sechs Tagen erschaffen, bis hin zum Menschen. Gemäß Darwin hat es wesentlich länger gedauert. Ein Widerspruch? Bei Gott gibt es keine Zeit, zumindest nicht Zeit nach unserem Verständnis.

Die Bibel schreibt im 2. Petrusbrief 3, 8:
Dies eine aber sei euch nicht verborgen, dass beim Herrn ein Tag ist wie tausend Jahre und tausend Jahre wie ein Tag sind.

Das bringt unser ganzes Zeitverständnis durcheinander und ich frage dich, wie lange haben nun diese sechs Tage Schöpfungsgeschichte tatsächlich gedauert? Vielleicht stimmen unsere Wissenschaft und die Bibel ja doch besser überein, als wir immer glauben wollen.

Noch ein Wort zu Darwin. Er hat die evolutionäre Weiterentwicklung der Arten entdeckt und erforscht. Er hat festgestellt, dass sich Lebewesen ihren Lebensbedingungen anpassen können, ja müssen. Und doch blieben seine Entdeckungen grundsätzlich nur innerhalb derselben Spezies. Er hat keine Schnittstelle zwischen den Arten gefunden. Bis heute forschen Wissenschaftler genau in diese Richtung. Sie stellen Darwins Theorie als allgemeingültig dar, publizieren immer wieder vermeintlich sensationelle Funde, die dieser Theorie Auftrieb geben sollen, aber letztendlich auch immer wieder zerplatzen wie eine Seifenblase und wissenschaftlicher Wunschgedanke bleiben.

Es wird von Gegnern der Evolutionstheorie oft behauptet, er habe am Totenbett seiner eigenen Theorie abgeschworen. Das ist nirgends belegt und sollte wohl ebenfalls in die Kategorie Wunschgedanke verbannt werden.

Über eine wichtige Aussage Darwins sollten wir jedoch gründlich nachdenken und versuchen, sie neutral zu betrachten. Der Mann, der sein Leben damit verbrachte, eine wissenschaftliche Theorie zu entwickeln und der heute in Schulen gelehrt wird, als sei seine Theorie wissenschaftlich bewiesen, er selbst betrachtete sie als das, was sie auch heute noch ist, nämlich eine Theorie.

Er selbst sagte, wenn die Wissenschaftler in den Jahren nach ihm keine Schnittstelle zwischen unterschiedlichen Arten fänden, dann sei seine Theorie als nicht haltbar zu verwerfen. Er selbst hat seine Theorie also nicht widerrufen, aber er hat die Forschenden nach ihm angewiesen es zu tun, wenn keine Schnittstellen gefunden werden!

Jetzt, fast 150 Jahre später ist dieses "wenn" zwar eingetreten, aber die Wissenschaft hält stur an seiner Theorie fest, als sei sie felsenfest untermauert. Aber nicht nur das, sie stellt sie als allgemeingültige Lehre dar. Die eigenen Worte Darwins, des Mannes, auf den sie sich berufen, ignorieren, ja vertuschen sie meisterhaft, zumindest wenn sie ihnen damit den Sockel dieser Theorie entziehen.

Nun zum Sündenfall. Hätte es den nicht gegeben, dann bräuchten wir die Erlösung nicht, die wir Jahrtausende später durch Jesu Tod am Kreuz empfangen haben.

Nachdem Gott die Welt erschaffen hatte, machte er die Pflanzen und die Tiere und schließlich den Menschen.

1. Buch Mose 1, 26 – 28:

Und Gott sprach: Lasst uns Menschen machen in unserm Bild, uns ähnlich! Sie sollen herrschen über die Fische des Meeres und über die Vögel des Himmels und über das Vieh und über die ganze Erde und über alle kriechenden Tiere, die auf der Erde kriechen! Und Gott schuf den Menschen nach seinem Bild, nach dem Bild Gottes schuf er ihn; als Mann und Frau schuf er sie. Und Gott segnete sie, und Gott sprach zu ihnen: Seid fruchtbar und vermehrt euch, und füllt die Erde, und macht sie euch untertan; und herrscht über die Fische des Meeres und über die Vögel des Himmels und über alle Tiere, die sich auf der Erde regen!

Da steckt etliches drin. Vers 26: „Lasst uns Menschen machen", spricht Gott.

Das Alte Testament ist in Hebräisch verfasst und das hier verwendete Wort „Mensch" lautet im Hebräischen „adam"! Überrascht? Es geht noch weiter, denn das hebräische Wort für „Erde, Erdboden" lautet „dama". Der in der hebräischen Bibel verwendete

Begriff „adama" heißt demnach nichts anderes als „Mensch von Erde gemacht". Wir können in der Bibel nachlesen, *wie* Gott den Menschen gemacht hat, nämlich aus Erde.

Das ist jetzt ebenfalls wieder eine Glaubensfrage, die kannst du annehmen oder nicht. Tatsache ist, wenn ein Toter lange genug im Grab liegt, dann bleibt nichts übrig, außer gut gedüngter Erdboden. Das wissen wir alle.

Gott sagt nicht nur, dass er Menschen machen will, er fügt hinzu, dass dieser Mensch nach seinem Bilde sein soll, ihm ähnlich. Andere Bibelübersetzungen schreiben sogar „ihm gleich".

Wir Menschen verkünden oft recht eingebildet, dass wir auf der Erde die intelligentesten Wesen seien. Wir sind es tatsächlich! Denn Gott hat in uns sein eigenes Wesen hineingelegt! Das hebt uns von aller anderen Schöpfung ab. Nicht das intelligenteste Tier kann jemals an uns Menschen herankommen. Das ist unmöglich! Die Geschichte „Planet der Affen" von Pierre Boulle wird wohl Utopie bleiben! Denn in kein Tier hat Gott je die Gleichheit zu ihm selbst hineingelegt, in uns Menschen schon.

Das ist der Grund warum wir Menschen als einzige Wesen auf dieser Welt überhaupt Gott suchen. Ein Tier tut das nicht. Das hat Gott nie so beabsichtigt. Aber mit uns Menschen wünscht er sich sehnlichst eine enge Kommunikation. Wir haben den Geist Gottes empfangen, der es uns ermöglicht, zu ihm zu gehen, ihn zu suchen, ihn zu finden.

1. Mose 1, immer noch Vers 26.

... sie – die Menschen - *sollen herrschen über die Fische des Meeres und über die Vögel des Himmels und über das Vieh und über die ganze Erde und über alle kriechenden Tiere, die auf der Erde kriechen!*

Gibt es irgendein Tier, das wir nicht beherrschen? Wir fangen Löwen und reiten auf Elefanten, wir lassen Delfine tanzen, schlachten Wale ab und den Adler haben wir fast ausgerottet. Dass wir fähig sind über diese Schöpfung zu herrschen, das ist offensichtlich. Dass wir es falsch tun und damit die Schöpfung ruinieren, das wiederum ist die Folge der Herrschaft Satans in dieser Welt.

Unser Adam, der Mensch, war nach dem Bilde Gottes geschaffen und hatte eine ganz enge Beziehung zu ihm. Er kannte ihn! Er stellte die Frage nicht, *ob* es Gott gibt.

Was ist mit Eva? Ihr Name stammt ebenfalls aus dem Hebräischen und bedeutet „Mutter aller Lebenden".

Wie gesagt, der Mensch ist ursprünglich so angelegt, dass er Gott kennt. Gott suchte ein ganz enges Verhältnis zu uns. Der Mensch sollte über die Erde herrschen, aber im positiven Sinn.

Dieses Wort „herrschen" bedeutet im hebräischen Originaltext so viel wie „bebauen, bewahren, versorgen, sich darum kümmern". So wie ein Gärtner seine Beete bebaut und bewahrt, sie düngt und die Erde lockert, damit die Pflanzen gut gedeihen können. Genauso sollte der Mensch seine Herrschaft über die Erde einnehmen. Gott selbst wollte sich hier wohlfühlen und Gemeinschaft mit dem Menschen haben.

1. Mose 2, Vers 9
Und Gott, der HERR, ließ aus dem Erdboden allerlei Bäume wachsen, begehrenswert anzusehen und gut zur Nahrung, und den Baum des Lebens in der Mitte des Gartens, und den Baum der Erkenntnis des Guten und Bösen.

Der Mensch kannte bis dahin nichts Böses. Er kannte Gott, er kannte seine Partnerin und das Leben war schön. Den Tod wie wir ihn kennen, den gab es nicht. Der Mensch war Gott gleich, so hatte der es beabsichtigt. Natürlich wollte er auch, dass es so bleibt.

Verse 15 – 17:
Und Gott, der HERR, nahm den Menschen und setzte ihn in den Garten Eden, ihn zu bebauen und ihn zu bewahren. Und Gott, der HERR, gebot dem Menschen und sprach: Von jedem Baum des Gartens darfst du essen; aber vom Baum der Erkenntnis des Guten und Bösen, davon darfst du nicht essen; denn an dem Tag, du du davon isst, musst du sterben!

Das hört sich zunächst an wie eine Drohung, ist es aber nicht. Es ist lediglich eine Warnung: Wenn du von diesem Baum isst, dann wird das eine Konsequenz nach sich ziehen, nämlich dass du sterben musst. Also pass auf, damit das nicht eintritt!

Wenn du ein kleines Kind hast, das gerade laufen gelernt hat, dann wird es überall herumwackeln und alles was es findet begrapschen. Wenn du dieses Kind warnst, zum Beispiel dass es nicht auf die Herdplatte fassen soll, weil es sich dort die Finger verbrennen könnte, dann hat das mit Drohung nichts zu tun. Es lehrt ihn lediglich die Folge der Handlung "Auf-die-Herdplatte-fassen"!

Hier war es ebenso. Es war keine Drohung, sondern eine Warnung. Außerdem war es im Grunde unnötig, dass der Mensch das Böse kennenlernt. Er selbst war nicht böse und der Rest der Schöpfung auch nicht. Gott wollte, dass dieser Zustand so bleibt, deshalb hat er Adam und Eva gewarnt. Welche Konsequenzen hat das nun für uns? Dazu ein Beispiel:

Ich habe in meinem Leben noch nie Arsen getrunken. Natürlich lege ich nicht den geringsten Wert darauf, das jemals zu ändern. Warum? - Weil ich weiß, dass ich daran sterben würde.

In dem Moment, als Gott uns geschaffen hat – nach seinem Bilde – hat er uns auch den freien Willen gegeben. Der Mensch kann sich für oder gegen alles frei entscheiden, muss allerdings die Konsequenzen für sein Handeln tragen.

So wie Gott Luzifer nicht gehindert hat, seinen Hochmut zu leben, so wird Gott auch uns nicht hindern, etwas zu tun. Er warnt uns, manchmal sogar sehr eindringlich vor den Folgen, doch entscheiden müssen wir selbst. Gott lässt das zu, denn sonst wären wir nicht freie Wesen, sondern Gottes Marionetten. Jetzt kommt Satan ins Spiel. Es war das erste Mal, dass er Menschen verführte.

1. Mose, Kapitel 3:

Und die Schlange war listiger als alle Tiere des Feldes, die Gott, der HERR, gemacht hatte; und sie sprach zu der Frau: Hat Gott wirklich gesagt: Von allen Bäumen des Gartens dürft ihr nicht essen? Da sagte die Frau zur Schlange:

Von den Früchten der Bäume des Gartens essen wir; aber von den Früchten des Baumes, der in der Mitte des Gartens steht, hat Gott gesagt: Ihr sollt nicht davon essen und sollt sie nicht berühren, damit ihr nicht sterbt!

Da sagte die Schlange zur Frau: Keineswegs werdet ihr sterben! Sondern Gott weiß, dass an dem Tag, da ihr davon esst, eure Augen aufgetan werden und ihr sein werdet wie Gott, erkennend Gutes und Böses. Und die Frau sah, dass der Baum gut zur Speise und dass er eine Lust für die Augen und dass der Baum begehrenswert war, Einsicht zu geben; und sie nahm von seiner Frucht und aß, und sie gab auch ihrem Mann bei ihr, und er aß.

Da wurden ihrer beider Augen aufgetan, und sie erkannten, dass sie nackt waren; und sie hefteten Feigenblätter zusammen und machten sich Schurze. Und sie hörten die Stimme Gottes, des HERRN, der im Garten wandelte bei der Kühle des Tages. Da versteckten sich der Mensch und seine Frau vor dem Angesicht Gottes, des HERRN, mitten zwischen den Bäumen des Gartens.

Und Gott, der HERR, rief den Menschen und sprach zu ihm: Wo bist du? Da sagte er: Ich hörte deine Stimme im Garten, und ich fürchtete mich, weil ich nackt bin, und ich versteckte mich. Und er sprach: Wer hat dir erzählt, dass du nackt bist? Hast du etwa von dem Baum gegessen, von dem ich dir geboten habe, du solltest nicht davon essen?

Da sagte der Mensch: Die Frau, die du mir zur Seite gegeben hast, sie gab mir von dem Baum, und ich aß.

Und Gott, der HERR, sprach zur Frau: Was hast du da getan! Und die Frau sagte: Die Schlange hat mich getäuscht, da aß ich.

Und Gott, der HERR, sprach zur Schlange: Weil du das getan hast, sollst du verflucht sein unter allem Vieh und unter allen Tieren des Feldes! Auf deinem Bauch sollst du kriechen, und Staub sollst du fressen alle Tage deines Lebens! Und ich werde Feindschaft setzen zwischen dir und der Frau, zwischen deinem Samen und ihrem Samen; er wird dir den Kopf zermalmen, und du, du wirst ihm die Ferse zermalmen.

Zu der Frau sprach er: Ich werde sehr vermehren die Mühsal deiner Schwangerschaft mit Schmerzen sollst du Kinder gebären! Nach deinem Mann wird dein Verlangen sein, er aber wird über dich herrschen! Und zu Adam sprach er: Weil du auf die Stimme deiner Frau gehört und gegessen hast von dem Baum, von dem ich dir geboten habe: Du sollst davon nicht essen! – so sei *der Erdboden deinetwegen verflucht: Mit Mühsal sollst du davon essen alle Tage deines Lebens; und Dornen und Disteln wird er dir sprossen lassen, und du wirst das Kraut des Feldes essen! Im Schweiße deines Angesichts wirst du dein Brot essen, bis du zurückkehrst zum Erdboden, von ihm bist du genommen. Denn Staub bist du, und zum Staub wirst du zurückkehren! Und der Mensch gab seiner Frau den Namen Eva, denn sie wurde die Mutter aller Lebenden. Und Gott, der HERR, machte Adam und seiner Frau Leibröcke aus Fell und bekleidete sie. Und Gott, der HERR, sprach: Siehe, der Mensch ist geworden wie einer von uns, zu erkennen Gutes und Böses. Und nun, dass er nicht etwa seine Hand ausstrecke und auch noch von dem Baum des Lebens nehme und esse und ewig lebe! Und Gott, der HERR, schickte ihn aus dem Garten Eden hinaus, den Erdboden zu bebauen, von dem er genommen war.*

Der Sündenfall! Was war geschehen? - Der Teufel hatte Eva mit falschen Aussagen geködert: „Hat Gott *wirklich* gesagt, von *allen* Bäumen des Gartens dürft ihr nicht essen?"

Davon war nie die Rede gewesen, es waren lediglich zwei Bäume ausgenommen. Eva reagiert und klärt den Sachverhalt auf. Wieder kontert Satan mit einer Lüge: Quatsch, ihr sterbt doch nicht. Gott will bloß nicht, dass ihr werdet wie er und Gutes und Böses erkennt.

Geschickt verdrehte Wahrheit! Nun reagiert Eva, wie es Satan beabsichtigt hatte. Sie isst von der Frucht, vor der Gott sie gewarnt hatte. Nicht nur das, sie gibt auch ihrem Mann davon und der isst ebenfalls. So nimmt die von Gott angekündigte Konsequenz ihren Lauf!

Wir können zum Garten Eden noch eine wichtige Bibelstelle lesen. Da heißt es: *Und sie waren beide nackt, und sie schämten sich nicht.* Das ist ein Sinnbild für die ursprüngliche Reinheit in ihren Herzen. Nun plötzlich "erkennen" sie Böses. Die Nacktheit wird plötzlich zum Problem, sie flechten sich Schurze und verstecken sich.

Gott stellt zunächst Adam zur Rede. Feige, wie Männer manchmal sind schiebt er gleich die Schuld seiner Frau zu. Natürlich, sie war es, die ihm die Frucht gegeben hatte, aber er kannte das Verbot ebenso. Er hat sich wissentlich darüber hinweggesetzt und trotzdem gegessen. Es war sein freier Wille. Als Gott Eva anspricht, verweist sie auf die Schlange, die sie getäuscht hat. Beide versuchen sich heraus zu reden und deuten auf jemand anderen.

Jetzt haben sie ein doppeltes Problem. Erstens. Sie haben getan, was sie nicht hätten tun sollen. Zweitens. Sie stehen nicht zu ihrer Tat, sondern versuchen sie abzuwälzen, Adam auf seine Frau, die wiederum auf die Schlange, die sie getäuscht hat.

Es kommt, wie es kommen musste, sie werden aus dem Paradies verwiesen. Die Misere der Menschheit beginnt. Im Schweiße seines Angesichts muss Adam nun den Boden bebauen und Eva unter Schmerzen ihre Kinder gebären. Diesen Zustand haben wir heute noch. Es hätte so nicht sein müssen.

Auch der Tod kommt jetzt erstmals ins Spiel. Der Mensch wird nun irgendwann sterben müssen. Das war ursprünglich nicht so gewesen. Es gibt noch einen weiteren Tod, den sogenannten geistlichen Tod. Adam und Eva hatten von nun an keine echte Kommunikation mit Gott mehr, sie waren getrennt von ihm. Auch diesen Zustand kennen wir heute noch. Milliarden von Menschen kennen Gott nicht oder wollen von ihm nichts wissen.

Noch etwas war geschehen. Bis zu diesem Zeitpunkt war noch nie ein Tier getötet worden. Der Mensch hatte sich von all den Früchten im Garten reichlich ernährt.

Vers 21:

Und Gott, der HERR, machte Adam und seiner Frau Leibröcke aus Fell und bekleidete sie.

Nun sterben erstmals Tiere. Wozu? Um die Sünde des Menschen zuzudecken. Auch das ist ein elementar wichtiges Ereignis, das wir unbedingt im Hinterkopf behalten sollten, wenn wir das Evangelium und die Erlösung durch Jesus begreifen wollen. Wir kommen später darauf zurück.

Das Ende vom Lied ist, dass nun die Sünde geboren war, der Mensch war getrennt von Gott und konnte so die Herrschaft, die ihm gegeben war, nicht mehr ausüben. Auf diese Weise hat der Satan die Herrschaft wieder an sich gerissen, auf völlig „legale"

Weise. Adam hat sie ihm quasi übergeben. Im Neuen Testament, im Lukasevangelium, spricht der Satan von der Macht, die er nun wiederhat:

„… denn mir ist sie - die Macht - *übergeben, und wem immer ich will, gebe ich sie."*

Herzlich willkommen in einer Welt, in der Satan wieder offiziell regieren kann. Die Auswirkungen sehen wir bis heute überall. Aber Gott überlässt ihm natürlich nicht so einfach unsere Seelen. Deshalb hat er sich etwas einfallen lassen, die Erlösung durch Jesus Christus!

Noah fand Gnade in den Augen des HERRN

Die Bibel ist voller Persönlichkeiten, die heute fast jedes Kind kennt. Würdige Männer, Könige und Helden, aber auch schräge und schrille Typen oder Eigenbrötler. Die Bibel erzählt uns diese Ereignisse allerdings nicht, damit wir in den Grundschulen nette Geschichten zum vorlesen haben.

Die Erzählung von Noah und der Sintflut können dir wahrscheinlich die meisten Sechsjährigen leicht wiedergeben. Doch im Grunde zeigt das Leben Noahs die Güte Gottes, aber auch die Verdorbenheit der Welt, nachdem die Sünde sich ausgebreitet hatte. Wir wollen der Geschichte genauer nachgehen.

1. Mose 6, ab Vers 5:

Als aber der Herr sah, dass die Bosheit des Menschen sehr groß war auf der Erde und alles Trachten der Gedanken seines Herzens allezeit nur böse, da reute es den Herrn, dass er den Menschen gemacht hatte auf der Erde, und es betrübte ihn in seinem Herzen. Und der Herr sprach: Ich will den Menschen, den ich erschaffen habe, vom Erdboden vertilgen, vom Menschen an bis zum Vieh und bis zum Gewürm und bis zu den Vögeln des Himmels; denn es reut mich, dass ich sie gemacht habe!

Gott hatte den Menschen ursprünglich als treuen Begleiter seiner selbst geschaffen. Er sollte ein echter, inniger Freund sein. Was hat der Mensch daraus gemacht? - Nichts! Nur Lug, Trug und Hurerei - Sex, Drugs and Rock'n'Roll!

Wie reagierst du auf sogenannte Freunde, die nichts anderes tun, als dir ständig Knüppel zwischen die Beine werfen, dich nach Strich und Faden verarschen, ausnutzen und mit falschen Geschichten schlecht machen? Solche Typen werden wohl kaum dauerhaft deine Freunde bleiben, oder? Du wirst dich sicherlich von ihnen distanzieren!

Gott hat alles geschaffen. Wie reagiert er auf die Bosheit des Menschen? – „So nicht! Weg mit ihm!" Aber Gott wäre nicht Gott, wenn er nicht trotzdem nach dem Guten schauen würde. Genau das tat er:

Ab Vers 8:
Noah aber fand Gnade in den Augen des Herrn. Dies ist die Geschichte Noahs: Noah, ein gerechter Mann, war untadelig unter seinen Zeitgenossen; Noah wandelte mit Gott. Aber die Erde war verderbt vor Gott, und die Erde war erfüllt mit Frevel. Da sprach Gott zu Noah: Das Ende alles Fleisches ist bei mir beschlossen; denn die Erde ist durch sie mit Frevel erfüllt, und siehe, ich will sie samt der Erde vertilgen! Mache dir eine Arche.

„Noah wandelte mit Gott", ist das nicht eine wunderschöne Formulierung? Noah und seine Familie waren anders als der Rest der Welt. Sie fragten nach Gott, sie lebten nach Gottes Vorstellung. Was also macht

Gott? Er warnt Noah, erzählt ihm seinen Plan und gibt ihm eine Anleitung, wie er dem geplanten Verderben entkommen kann. Führe dir einmal den damaligen Sachverhalt vor Augen:

Noah wohnte irgendwo im heutigen israelisch-arabischen Raum. Heiße Länder, Wüstenklima. In so einer Umgebung kommt Gott zu Noah und fordert ihn auf: Bau dir eine Arche, ein Schiff. Ein Schiff in der Wüste! Dort wäre ein Kamel sicher dienlicher als ein Schiff im Sand.

Die anderen haben ihn ausgelacht. „Schau dir den an, der spinnt ja wohl, baut ein Schiff dort links neben der Oase!" Noah war das egal. Er tat, was Gott ihm gesagt hatte und blieb letztendlich mit seiner Familie als einziger von der Sintflut verschont.

Reset! Die Menschheit wurde neu gebootet. Computer runterfahren und neu starten. Wegen ihrer Bosheit wurden die Menschen ausgetilgt, aber Noah und seine Familie überlebten, weil sie „untadelig waren unter ihren Zeitgenossen".

Was kann der Rest der Schöpfung dafür, dass die Menschen böse waren? Nichts! Also sorgt Gott dafür, dass die Arten nicht aussterben und dass die Erde auch nach der Katastrophe noch von Tier und Pflanze bevölkert ist. Von jeder Tierart nimmt Noah ein Pärchen mit auf die Arche, ein Mega-Zoo sozusagen.

Und was geschah mit der Vegetation, den Pflanzen? Nichts! Die Bundesgartenschau musste Noah nicht auch noch mitnehmen. Pflanzen halten es vorübergehend aus, wenn sie kräftig geflutet werden. Die rappeln sich dann schon wieder auf.

Also, Mensch und Tier packen ihr Ränzchen, rein ins Schiff und Schotten dicht. Wenn das Schiff nicht zum Meer kommt, dann kommt das Meer halt zum Schiff. Nun gießt es auch noch in Strömen. Echt ungemütlich das Wetter.

Was wir heute als Unwetterkatastrophen im Fernsehen verfolgen, das ist wohl nur ein winziger Schauer dagegen. Es gießt und gießt und irgendwann war den Menschen wohl klar, dass die Arche, die Noah dort in die Wüste gestellt hatte gar nicht so verkehrt gewesen war. Mensch und Tier außerhalb der Arche ertrinken, Noah, seine Familie und die Tiere auf der Arche machen eine kleine, wenn auch unfreiwillige Seereise. Das Schiff läuft aus, wo gar kein Hafen ist, eine Reise ins Ungewisse. Sie hatten keine Ahnung wo es hingeht und wie lange der Trip dauern würde. Er hat tatsächlich eine ganze Weile in Anspruch genommen und schließlich landen sie in der heutigen Türkei, auf dem Berg Ararat. „Aussteigen, wir sind da!"

1. Mose 8, ab Vers 8:
Und Gott sagte zu Noah und seinen Söhnen mit ihm: Siehe, ich richte mit euch einen Bund auf und mit euren Nachkommen und mit allem lebendigen Getier bei euch, an Vögeln, an Vieh und an allen Tieren des Feldes bei euch, von allem, was aus der Arche gegangen

ist, was für Tiere es sind auf Erden. Und ich richte meinen Bund so mit euch auf, dass hinfort nicht mehr alles Fleisch verderbt werden soll durch die Wasser der Sintflut und hinfort keine Sintflut mehr kommen soll, die die Erde verderbe. Und Gott sprach: Das ist das Zeichen des Bundes, den ich geschlossen habe zwischen mir und euch und allem lebendigen Getier bei euch auf ewig: Meinen Bogen habe ich in die Wolken gesetzt; der soll das Zeichen sein des Bundes zwischen mir und der Erde. Und wenn es kommt, dass ich Wetterwolken über die Erde führe, so soll man meinen Bogen sehen in den Wolken.

Wie beruhigend, denn komplett ausgelöscht wird die Menschheit nun nicht mehr, das hat Gott uns zugesagt. Und der Regenbogen … wer hat das gewusst? … ist das Zeichen dieses Versprechens.

Abraham glaubte dem HERRN

Abraham ist eine der Schlüsselfiguren in der Bibel schlechthin. Ohne seinen Gehorsam hätte Gott seinen Sohn Jesus für uns nie opfern können. Dieses Verständnis ist wichtig, damit wir das Erlösungswerk Christi in seiner Tiefe erfassen können.

Abraham! Auf ihn geht Paulus später im Neuen Testament sehr intensiv ein. Dem widmet die Bibel etliche Kapitel. Abraham, der „Vater des Glaubens", wie es heißt.

Soviel vorab: Abraham war bereit, seinen einzigen Sohn Isaak für Gott zu opfern, deshalb konnte Gott Jahrtausende später seinen einzigen Sohn – Jesus – für uns opfern. Gehen wir die wichtigsten Stationen Abrahams durch.

Zunächst hieß Abraham gar nicht Abraham, sondern, etwas kürzer, Abram! Dieser Abram war mit Sarai verheiratet. Auch ihr Name wird später verändert. Sarai war unfruchtbar, sie konnte keine Kinder bekommen. Das war eine Riesenschande zur damaligen Zeit, aber die beiden hatten sich damit abgefunden. Was hätten sie sonst auch tun sollen? Abram würde seine riesigen Besitztümer nach seinem Tode an seinen Hauptknecht vererben, da kein leiblicher Erbe existierte.

1. Mose 15, ab Vers 2:

Ich gehe dahin ohne Kinder und mein Knecht Eliëser von Damaskus wird mein Haus besitzen. Und Abram sprach weiter: Mir hast du keine Nachkommen gegeben; und siehe, einer von meinen Knechten wird mein Erbe sein.

Und siehe, der HERR sprach zu ihm: Er soll nicht dein Erbe sein, sondern der von deinem Leibe kommen wird, der soll dein Erbe sein. Und er hieß ihn hinausgehen und sprach: Sieh gen Himmel und zähle die Sterne; kannst du sie zählen? Und sprach zu ihm: So zahlreich sollen deine Nachkommen sein!

Abram glaubte dem HERRN und das rechnete er ihm zur Gerechtigkeit.

Das ist ein ganz wichtiger Satz, der in den Lehren des Neuen Testaments immer wieder auftaucht: „Abram glaubte dem HERRN und das rechnete er ihm zur Gerechtigkeit".

Gott sagt zu dem Mann, dessen Frau gar nicht fähig ist, Kinder zu bekommen: „Pass auf. Du wirst leibliche Nachkommen haben! Doch nicht nur das, aus dir wird eine Mordssippe entstehen. So viele Leute kannst du dir gar nicht vorstellen."

Wie reagiert Abram darauf? Er steht nicht da und reißt den Mund auf vor Staunen: „Boah ej, ehrlich?" Nein, da steht ganz lapidar: „Abram glaubte dem HERRN ...".

Daran erkennst du das innige Vertrauensverhältnis, das Abram und Gott miteinander hatten. Abram war völlig klar, wenn Gott das sagt, dann ist das so! Kindlicher Glaube: „Mein Papa hat gesagt ..., und wenn der das sagt, dann stimmt das auch."

Das gilt übrigens bis heute. Wenn Gott etwas zusagt, dann können wir Stein und Bein darauf schwören, dass es geschehen wird. In Gottes Wort, in der Bibel stehen so viele wunderschöne Verheißungen. Nimm sie an und vertraue darauf.

„Abram glaubte Gott"! Gott hat diese Verheißung, die er Abram gegeben hat, später wirklich eingelöst. Sarai brachte ihm einen Sohn zur Welt. Übrigens, als Gott ihm den leiblichen Nachkommen versprochen hat, war Abram bereits 75 Jahre alt, seine körperliche Sturm und Drang Zeit war also schon weit überschritten.

Er hatte Gott geglaubt. Für ihn gab es überhaupt keinen Zweifel daran. Sarai reagierte da völlig anders: „Ich, in meinem Alter noch ein Kind? Wie soll das gehen?".

Die Jahre flossen dahin und Sarai wurde doch nicht schwanger. Gottes Verheißung trat scheinbar nicht ein. Was also taten Sarai und Abram? Genau das, was auch wir heute noch oft machen, wenn wir meinen, Gott hätte uns etwas zugesagt, es aber vermeintlich nicht zustande kommt: Wir helfen etwas nach.

Sarai geht zu ihrem Mann und macht ihm einen Vorschlag. Der klingt für uns heute etwas seltsam, aber das waren damals durchaus normale Praktiken. Ein Knecht, eine Magd waren Leibeigene und wie ein Teil dessen zu werten, dem sie dienten. Also schlägt Sarai Abram etwas vor.

1. Mose 16, 1 – 4:
Sarai, Abrams Frau, gebar ihm kein Kind. Sie hatte aber eine ägyptische Magd, die hieß Hagar. Und Sarai sprach zu Abram: Siehe, der HERR hat mich verschlossen, dass ich nicht gebären kann. Geh doch zu meiner Magd, ob ich vielleicht durch sie zu einem Sohn komme. Und Abram gehorchte der Stimme Sarais. Da nahm Sarai, Abrams Frau, ihre ägyptische Magd Hagar und gab sie Abram, ihrem Mann, zur Frau, nachdem sie zehn Jahre im Lande Kanaan gewohnt hatten. Und er ging zu Hagar, die ward schwanger.

So, jetzt haben wir unseren Sohn, Ismael heißt er. Das war doch ganz einfach: Wir haben ein bisschen nachgeholfen, aber Gottes „Verheißung" ist dadurch eingetreten.
„Nein", sagt Gott. „So war das nicht gemeint. Das ist nicht der Sohn, den ich euch zugesagt habe. Der stammt von euch selbst, nicht von mir!"
Dumm gelaufen. Aber nun ist er da! Gottes Pläne und seine Zeitpunkte sind halt oft anders, als wir das gerne hätten.

Vers 16:
Und Abram war sechsundachtzig Jahre alt, als ihm Hagar den Ismael gebar.

Manchmal brauchen wir wirklich Geduld! Elf Jahre waren vergangen seit Gott Abram den leiblichen Sohn versprochen hatte, doch der ließ immer noch auf sich warten. Weitere 13 Jahre später, als Abram 99 ist, kommt Gott auf ihn zu und erneuert seine Verheißung. „Hey, du kriegst noch deinen Sohn! Wir schließen einen Bund miteinander und aus dir werden ganze Völker entstehen".

1. Mose 17, 5 und 6:
Darum sollst du nicht mehr Abram heißen, sondern Abraham soll dein Name sein; denn ich habe dich gemacht zum Vater vieler Völker. Und ich will dich sehr fruchtbar machen und will aus dir Völker machen und auch Könige sollen von dir kommen.

Namen hatten eine große Bedeutung zu biblischer Zeit und Gott gibt Abram nun einen neuen, der Bedeutung nach passenden Namen. Abraham, was bedeutet: Vater vieler Völker.
Es geschieht noch viel in der folgenden Zeit und schließlich löst Gott seine Verheißung ein. Abraham ist jetzt 100 Jahre alt und Sarai heißt inzwischen Sara, „die Gesegnete".

1. Mose 21, 1 – 3:
Und der HERR suchte Sara heim, wie er gesagt hatte, und tat an ihr, wie er geredet hatte. Und Sara ward schwanger und gebar dem Abraham in seinem Alter einen Sohn um die Zeit, von der Gott zu ihm geredet

hatte. Und Abraham nannte seinen Sohn, der ihm ge-
boren war, Isaak, den ihm Sara gebar.

Damit hatte Gott seine Verheißung endlich erfüllt, 25 Jahre später und ganz ohne menschliches Zutun. Übrigens, die Bibel spricht bei Ismael vom „Sohn des Fleisches", weil er nicht von Gott, sondern durch menschliches Eingreifen gezeugt wurde. Isaak nennt sie den „Sohn der Verheißung", weil er durch Glauben empfangen wurde. „Abraham glaubte Gott"!
Aber auch aus Ismael sollte ein großes Volk entstehen, das sind nämlich die heutigen Araber. Aus Isaak kommt das verheißene Volk Israel, aus dem wiederum unser Erlöser Jesus geboren wurde. Eine nicht nur wichtige, sondern besonders zentrale Geschichte für das Verständnis des Evangeliums kommt jetzt. Sie ist Dreh- und Angelpunkt zum Verständnis der Erlösung. Lesen wir sie gemeinsam in der Bibel! Wenn hier steht, dass Gott bei Isaak von Abrahams einzigem Sohn spricht, dann geht das auf die Tatsache zurück, dass Isaak dem Abraham von Gott versprochen war. Er ist der Sohn, der von Abrahams Frau, der unfruchtbaren Sara, empfangen wurde. Ismael, der Sohn des Fleisches, war von Gott für den Heilsplan gar nicht vorgesehen.

1. Mose 22:
Nach diesen Geschichten versuchte Gott Abraham und sprach zu ihm: Abraham! Und er antwortete: Hier bin ich. Und er sprach: Nimm Isaak, deinen einzigen Sohn, den du liebhast, und geh hin in das Land Morija und

opfere ihn dort zum Brandopfer auf einem Berge, den ich dir sagen werde.

Gott verlangt also von Abraham, seinen Sohn, aus dem ein Riesenvolk entstehen soll, auf dem Altar zu opfern!

Vers 3 folgende:
Da stand Abraham früh am Morgen auf und gürtete seinen Esel und nahm mit sich zwei Knechte und seinen Sohn Isaak und spaltete Holz zum Brandopfer, machte sich auf und ging hin an den Ort, von dem ihm Gott gesagt hatte. Am dritten Tage hob Abraham seine Augen auf und sah die Stätte von ferne und sprach zu seinen Knechten: Bleibt ihr hier mit dem Esel. Ich und der Knabe wollen dorthin gehen, und wenn wir angebetet haben, wollen wir wieder zu euch kommen. Und Abraham nahm das Holz zum Brandopfer und legte es auf seinen Sohn Isaak. Er aber nahm das Feuer und das Messer in seine Hand; und gingen die beiden miteinander. Da sprach Isaak zu seinem Vater Abraham: Mein Vater! Abraham antwortete: Hier bin ich, mein Sohn. Und er sprach: Siehe, hier ist Feuer und Holz; wo ist aber das Schaf zum Brandopfer? Abraham antwortete:
Mein Sohn, Gott wird sich ersehen ein Schaf zum Brandopfer. Und gingen die beiden miteinander. Und als sie an die Stätte kamen, die ihm Gott gesagt hatte, baute Abraham dort einen Altar und legte das Holz darauf und band seinen Sohn Isaak, legte ihn auf den

Altar oben auf das Holz und reckte seine Hand aus und fasste das Messer, dass er seinen Sohn schlach-tete.

Da rief ihn der Engel des HERRN vom Himmel und sprach: Abraham! Abraham! Er antwortete: Hier bin ich. Er sprach: Lege deine Hand nicht an den Knaben und tu ihm nichts; denn nun weiß ich, dass du Gott fürchtest und hast deines einzigen Sohnes nicht verschont um meinetwillen.

Das mutet fast an wie im Neuen Testament, in dem beschrieben wird, dass Gott seinen einzigen Sohn – Jesus – nicht verschont hat, um unseres Willens.

Vers 13:

Da hob Abraham seine Augen auf und sah einen Widder hinter sich in der Hecke mit seinen Hörnern hängen und ging hin und nahm den Widder und opferte ihn zum Brandopfer an seines Sohnes statt. Und der Engel des HERRN rief Abraham abermals vom Himmel her und sprach: Ich habe bei mir selbst geschworen, spricht der HERR: Weil du solches getan hast und hast deines einzigen Sohnes nicht verschont, will ich dein Geschlecht segnen und mehren wie die Sterne am Himmel und wie den Sand am Ufer des Meeres, und deine Nachkommen sollen die Tore ihrer Feinde besitzen und durch dein Geschlecht sollen alle Völker auf Erden gesegnet werden, weil du meiner Stimme gehorcht hast.

„Weil du meiner Stimme gehorcht hast", spricht Gott. Abraham hatte Gott geglaubt, als es darum ging, dass seine Frau einen Sohn gebären werde, obwohl sie erstens unfruchtbar war und zweitens bereits sehr alt. Und dann will Gott wissen, ob Abraham ihm wirklich bedingungslos vertraut und befiehlt ihm diesen Sohn zu opfern, also zu töten. Der zeigt ganz deutlich seinen Gehorsam. Dieser Glaube, dieser Gehorsam war der Grund, dass auch Gott seinen Sohn - Jesus – für uns geben konnte. Der wurde knapp 4000 Jahre später tatsächlich geopfert für uns, damit unsere Sünden vergeben sind und wir Zutritt zum Himmel haben.

Das was wir gerade über Abraham gelesen haben finden wir auch im Neuen Testament wieder. Dort lehrt Paulus in seinen Briefen an die Gemeinden.

Galater 3, 6 – 9:
Ebenso wie Abraham Gott glaubte und es ihm zur Gerechtigkeit gerechnet wurde. Erkennt daraus: Die aus Glauben sind, diese sind Abrahams Söhne! Die Schrift aber, voraussehend, dass Gott die Nationen aus Glauben rechtfertigen werde, verkündigte dem Abraham die gute Botschaft voraus: "In dir werden gesegnet werden alle Nationen." Folglich werden die, die aus Glauben sind, mit dem gläubigen Abraham gesegnet.

Alle, die im Glauben sind werden gesegnet werden mit dem gläubigen Abraham. Nicht nur die Juden, das Volk von dem Jesus abstammt, gehören zu den

Gesegneten, sondern alle Nationen. Gemeint sind damit gläubige Menschen aller Nationen, die, das sagt die Bibel, an den Namen Jesus glauben, dass er für uns gestorben und wieder auferstanden ist.

Das konnte nur geschehen durch Abrahams festen Glauben und die Bibel fordert uns auf, so einen Glauben wie ihn Abraham hatte, ebenfalls zu haben. Das hört sich recht kompliziert an, bedeutet aber nichts anderes, als Gott bedingungslos zu glauben.

Woher wissen wir denn was Gott will? - Das hat er alles in seinem Wort, in der Bibel festgehalten. Sie ist die zentrale Schaltstelle für uns, um Gottes Willen zu erkennen und die Erlösung durch Jesus verstehen zu können, anzunehmen und danach zu leben.

Wie kommt das Volk nach Ägypten?

Die Bibel gibt uns noch ein Highlight im Verständnis der Erlösung Jesu. Das ist der Auszug aus Ägypten. Hier geschieht etwas Unglaubliches, ein Fundament der Erkenntnis, warum Jesu Blut fließen musste und warum es gar nicht anders gehen konnte, als dass er für uns ans Kreuz geschlagen wurde.

Aber bevor wir uns mit dem Auszug aus Ägypten beschäftigen, sollten wir zunächst einmal schauen, wie denn ein ganzes Volk überhaupt dorthin gekommen ist.

Soviel vorab: Das Volk Israel ist nie nach Ägypten ausgewandert, es ist dort entstanden! Wie kann das sein? Immerhin lebte Abraham im Lande Kanaan, das ist das heutige Israel. Einige Wissenschaftler gehen sogar davon aus, dass der Berg Morija, der Berg auf dem Isaak geopfert werden sollte, das heutige Jerusalem ist. Manche gehen noch einen Schritt weiter und sagen, dass die Stelle, an der Isaak auf dem Opferaltar lag und der Kreuzigungsort Jesu – Golgatha – identisch seien. Tatsache ist, dass Ägypten von dort weit weg liegt. Wie also kommt dieses Volk nach Ägypten?

Abraham hatte einen Sohn, Isaak. Der wiederum hatte ebenfalls Söhne. Einer davon war Jakob. Dieser Jakob bekam später von Gott den Namen Israel. Unsere heutigen Israeliten, die Juden, sind alle Nachkommen dieses Mannes.

Auch Jakob hatte Söhne, zwölf an der Zahl. Josef war der Jüngste und zugleich Jakobs Lieblingssohn. Josef war eine stolze Person und hatte Träume, die letztendlich immer wieder darauf hinausliefen, dass sich sowohl sein Vater, seine Mutter und auch seine Brüder vor ihm verneigten. In seinen Träumen stand er demnach immer über ihnen.

Unverblümt erzählte er seine Träume. Seine Eltern waren betreten, seine Brüder wurden zornig auf ihn. Nun war Josef auch noch Papas Lieblingssohn und im Laufe der Zeit hielten ihn seine Brüder nicht nur für arrogant, sondern sie fingen an, ihn zu hassen.

In diesen Zeiten waren die Menschen nicht gerade zimperlich und seine Brüder wollten ihn loswerden. Daher beschlossen Sie, Josef umzubringen. Schließlich hatte einer der Brüder doch Skrupel und überredete die anderen, dass sie ihn nicht umbrächten, sondern an eine Karawane verkauften, die gerade des Weges kam. Gesagt, getan, so verkauften sie Josef in die Sklaverei. Seinen vom Papa geschenkten prächtigen Mantel nahmen die Brüder, zerfetzten ihn, tauchten ihn in Blut und erzählten ihrem Vater, Josef wäre von einem wilden Tier zerrissen worden.

Cleverer Schachzug: Josef ist liquidiert, hat gutes Geld eingebracht und der Vater glaubt, dass sein Sohn tot sei. Die Schuld wird auf ein wildes Tier geschoben. Der blutige Mantel ist das Beweisstück. So stellt Jakob keine weiteren Nachforschungen an. Er muss sich mit Josefs vermeintlichem Tod abfinden. Doch der ist zu diesem Zeitpunkt mit der Karawane auf dem Weg nach Ägypten als Sklave.

Dort angekommen wird Josef an Potifar verkauft. Er ist der oberste Chef der Leibwache am Hof des Pharaos, ein sehr hohes Tier! Was dann geschieht lesen wir in der Bibel.

1. Mose 39, ab Vers 2:
Der HERR aber war mit Josef, und er war ein Mann, dem alles gelang; und er blieb im Haus seines ägyptischen Herren. Als nun sein Herr sah, dass der HERR – also Gott – mit ihm war und dass der HERR alles, was er tat, in seiner Hand gelingen ließ, da fand Josef Gunst in seinen Augen, und er – Josef – *bediente ihn* – Potifar – *persönlich. Und er bestellte ihn über sein Haus und alles, was er besaß gab er in seine Hand. Und es geschah, seitdem er ihn über sein Haus bestellt hatte und über alles, was er besaß, da segnete der HERR das Haus des Ägypters um Josefs willen; und der Segen des HERRN war auf allem, was er hatte, im Haus und auf dem Feld. Und er überließ alles, was er hatte der Hand Josefs und kümmerte sich bei ihm um gar nichts, außer um das Brot, das er aß.*
Josef aber war schön von Gestalt und schön von Aussehen."

Brad Pitt vor 4000 Jahren! Er ist natürlich sehr begehrt bei den Frauen, darauf kommen wir gleich zurück.
Stell dir das mal vor: Josef wird Sklave. Das ist nicht gerade der beliebteste Job! Aber er ist ein Mann ganz

nach dem Willen Gottes und deshalb gelingt ihm alles. Also darf dieser Sklave irgendwann seinen Boss persönlich bedienen, eine Riesenehre. Damit nicht genug, Josef fällt positiv auf und das Ende vom Lied ist, dass Potifar ihm die Verantwortung über sein ganzes Haus überlässt. Josef wird Oberaufseher der ganzen Besitztümer Potifars, eine super Karriere!

Dummerweise war er nicht nur gewandt, sondern auch ein Schönling, ein echter Frauenschwarm. Und wer verguckt sich in Josef? Potifars Frau! Damit beginnt das nächste Unheil. Nicht dass Josef die Situation ausgenutzt hätte, nein, im Gegenteil. Er blieb völlig loyal, aber es soll Frauen geben, die hinterlistig und falsch werden, wenn sie nicht kriegen was sie wollen! Sie war genau aus diesem Holz geschnitzt.

Als Josef einmal allein mit ihr im Haus ist, bedrängt sie ihn. Das war sicherlich schon häufiger vorgekommen, aber jetzt war die Gelegenheit! Weit und breit niemand, der stören könnte.

Josef reagiert abweisend: „Nee, nee, meine Gute. Du bist die Frau meines Bosses. Da wird nix draus."

Sie packt ihn an den Klamotten. Er merkt, dass es jetzt dringend Zeit wird, zu verschwinden und sucht eilends das Weite. Da sie ihn aber an der Kleidung fest umklammert hält und er sich losreißt, hat sie schließlich sein Gewand in der Hand und er ist weg.

Josef kriegt nun richtig Ärger! Potifars Frau verdreht die Tatsachen, schwärzt ihn an, weil sie ihn nicht hatte haben können und behauptet, dass er sie bedrängt hätte. Immerhin hatte sie seine Kleidung als „Beweis". Es kommt wie es kommen muss, er landet im Gefängnis. Karriere ade. Wieder ist Josef ganz unten!

Aber immer noch ist Gott mit ihm. Wie vorher auch gelingt ihm dort im Gefängnis, die Gunst der anderen auf sich zu ziehen. Josef blieb zwar mehrere Jahre eingesperrt, aber der Oberaufseher wird ebenfalls auf Josef aufmerksam. Und, wie gehabt, irgendwann macht der Gefängnischef nichts mehr. Josef managt dort alles.

Zitat aus der Bibel:
„Und der Oberste des Gefängnisses übergab alle Gefangenen, die im Gefängnis waren, der Hand Josefs, und alles, was man dort tat, das veranlasste er."

Er war zwar selbst Inhaftierter, aber gleichzeitig managte er dort alles. Josef hatte von Gott die Fähigkeit bekommen, Träume zu deuten. Irgendwann hatten zwei Gefangene seltsame Träume. Die beiden waren vorher direkte Bedienstete des Pharaos gewesen, der Mundschenk und der Bäcker. Josef deutete deren Träume und es kam genauso, wie er gedeutet hatte: Der Bäcker wurde hingerichtet und der Mundschenk bekam seinen Job vor dem Pharao wieder. Schön für ihn, aber das nützte Josef überhaupt nichts. Zunächst nicht! Er verbrachte noch zwei weitere Jahre im Knast.

Doch dann hatte der Pharao ebenfalls Träume, die ihn gewaltig beunruhigten. Seine ganzen Wahrsager,

Priester und Weisen konnten dem Pharao nicht weiterhelfen. Er blieb unruhig. Plötzlich erinnerte sich der Mundschenk an seine Träume im Gefängnis und an deren Deutung durch Josef. Er erzählt dem Pharao davon. Der bestellt Josef umgehend zu sich und lässt sich von ihm seine Träume deuten:

„Lieber Pharao, jetzt kommen erst mal sieben fette Jahre. Eine reiche Ernte jagt die andere. Das ganze Land kann so richtig schlemmen. Aber danach dreht sich der Spieß um. Sieben Jahre, in denen Hunger herrschen wird, wo immer du hinschaust, im ganzen Land und weit darüber hinaus. Aller Überfluss wird schnell vergessen sein und Not breitet sich aus."

Was tun? Josef ist weise und liefert die Lösung gleich mit: „Pass auf Pharao, du suchst dir einen Mann, der die nächsten sieben Jahre nichts anderes tut, als ein Fünftel aller Ernte im Land einzusammeln und sie in speziell dafür gebaute Speicher schafft. Wenn dann die sieben fetten Jahre vorüber sind, dann hast du so viel Vorrat, dass der die mageren Jahre auch noch überbrückt."

Gesagt, getan, der Pharao setzt Josefs Vorschlag in die Tat um. Der Mann, der diese Aufgabe bekommt, ist Josef selbst. Aber nicht nur das, wir hatten es schon zweimal, Josef wird wieder einmal über alles gesetzt. Damit wird Josef zum zweiten Mann im Staate Ägypten erhoben, direkt nach dem Pharao.

1. Mose 41, ab Vers 40, da spricht der Pharao zu Josef:

Du sollst über mein Haus sein, und deinem Mund soll mein ganzes Volk sich fügen; nur um den Thron willen will ich größer sein als du. Und der Pharao sagte zu Josef: Siehe, ich habe dich über das ganze Land Ägypten gesetzt. Und der Pharao nahm seinen Siegelring von seiner Hand und steckte ihn an Josefs Hand, und er kleidete ihn in Kleider aus Byssus und legte die goldene Kette um seinen Hals. Und er ließ ihn den zweiten Wagen fahren, den er hatte, und man rief vor ihm her: Werft euch nieder! So setzte er ihn über das ganze Land Ägypten.

Vom Sklaven zum Herrscher direkt nach dem Pharao, steile Karriere!

Schließlich trat ein, was Josef dem Pharao traumgedeutet hatte. Das Land erlebte eine Rekordernte nach der anderen. Und Josef setzte seinen Vorschlag in die Tat um.

1. Mose 41, Verse 47 – 49:

Und das Land trug in den sieben Jahren des Überflusses haufenweise. Und er sammelte alle Nahrungsmittel der sieben Jahre, in denen im Land Ägypten Überfluss war, und brachte die Nahrungsmittel in die Städte; die Nahrungsmittel der Felder, die im Umkreis der Stadt lagen, brachte er in sie hinein. Und Josef speicherte Getreide auf wie Sand des Meeres, über die

*Maßen viel, bis man aufhörte zu zählen, denn es war
ohne Zahl.*

Während dieser Zeit heiratet Josef und seine Frau
bringt zwei Söhne zur Welt. Friede, Freude, Eierku-
chen. Doch dann beginnt die angekündigte Hungersnot.

Immer noch 1. Mose 41:
*Und die sieben Jahre des Überflusses, der im Land
Ägypten gewesen war, gingen zu Ende, und die sieben
Jahre der Hungersnot begannen zu kommen, so wie
es Josef gesagt hatte. Und in allen Ländern war Hungersnot, aber im ganzen Land Ägypten war Brot. Als
nun das ganze Land Ägypten hungerte und das Volk
zum Pharao um Brot schrie, da sagte der Pharao zu
allen Ägyptern: Geht zu Josef; tut, was er euch sagt!
Und die Hungersnot war auf der ganzen Erde; und Josef öffnete alles, worin Getreide war und verkaufte
den Ägyptern Getreide; und die Hungersnot war stark
in Ägypten. Und alle Welt kam nach Ägypten zu Josef,
um Getreide zu kaufen; denn die Hungersnot war
stark auf der ganzen Erde.*

Nicht nur, dass Ägypten selbst zu Essen hatte, durch
seinen Handel in die ganze Welt bewies Josef auch
noch seinen Geschäftssinn und das Land wurde reicher und reicher.
Scharenweise kommen die Ausländer in das Land,
um von Ägypten Speise zu kaufen. Auch in Israel leiden die Menschen an Hunger. Jakob, Josefs Vater,

der im Glauben lebt, dass sein Sohn tot sei, schickt seine Söhne nach Ägypten, um Getreide einzukaufen. Die Brüder, die Josef vor Jahren in die Sklaverei verkauft hatten, wissen nicht, wo er sich befindet und haben schon gar keine Ahnung von seiner mächtigen Karriere.

Ahnungslos reisen sie nach Ägypten. Josef erkennt seine Brüder, sie ihn aber nicht. Diese Situation nutzt Josef aus, schließlich hatte er all die Jahre seinen Vater vermisst. Der ist inzwischen alt geworden und Josef möchte ihn gerne sehen.

Josef ersinnt eine List. Er bezichtigt seine Brüder der Spionage und setzt sie fest. Nach einigem Hin und Her dürfen sie ihre Unschuld beweisen, indem sie nach Hause reisen, aber sie müssen wiederkommen zusammen mit ihrem jüngsten Bruder, der zuhause geblieben war. Als Pfand bleibt einer der Brüder in Ägypten zurück.

Alles geschieht wie Josef es eingefädelt hat und die Brüder kommen wieder zurück. Nach einiger Zeit gibt er sich ihnen zu erkennen. Er hat ihnen vergeben und das Wiedersehen ist riesig. Der Vater, Jakob, kommt nach, mit Sack und Pack, mit Kindern, Enkeln und Urenkeln, mit Knechten und Mägden und mit seinem ganzen Hausstand.

So hatte Gott seinen Segen auf Josef gelegt und die Hungersnot hat aus Josef nicht nur ein hohes Tier gemach, sondern die ganze Familie wiedervereint. Die Sippe Israel bekommt eigene Ländereien in Ägypten und lebt dort in Saus und Braus.

Lass mein Volk ziehen

Die Zeit vergeht, Josef und seine Brüder sind schon lange gestorben und auch die Pharaonen wechseln von Generation zu Generation. Irgendwann kennt niemand mehr in Ägypten die Geschichte von Josef und seiner Familie. Aber die Familie Israel ist dort zu einem mächtigen Volk innerhalb Ägyptens angewachsen. Sie waren klug, sie waren reich und eigentlich war alles soweit in Ordnung.
Doch die Ägypter bekamen allmählich Angst vor diesem Volk. Sie befürchteten, dass Israel ihr eigenes Volk langsam überrunden und schließlich die Macht in ihrem Land übernehmen könnte. Dieser Möglichkeit mussten die Ägypter entgegenwirken.

2. Buch Mose, Kapitel 1:
Da trat ein neuer König die Herrschaft über Ägypten an, der Josef nicht mehr kannte. Der sagte zu seinem Volk: siehe das Volk der Söhne Israel ist zahlreicher und stärker als wir. Auf, lasst uns klug gegen es vorgehen, damit es sich nicht noch weiter vermehrt! Sonst könnte es geschehen, wenn Krieg ausbricht, dass es sich auch noch zu unseren Feinden schlägt und gegen uns kämpft und dann aus dem Land hinaufzieht. Daher setzten sie Arbeitsaufseher über es, um es mit ihren Lastarbeiten zu drücken.

Ägypten zwang Israel innerhalb kurzer Zeit zur Sklaverei. Sie mussten schwer arbeiten, Städte bauen,

Ziegel brennen und die Arbeit wurde im Laufe der Zeit immer härter. Mehr und mehr wurde ihnen auferlegt und die Ägypter verstärkten ihren Druck kontinuierlich.

Die Angst der Ägypter vor Israel blieb und schließlich befahl der Pharao, dass es keine männlichen Nachkommen von ihnen mehr geben dürfe. Ohne Männer könne dieses Volk kaum einen Aufstand anzetteln und Ägypten würde in Sicherheit leben.

2. Buch Mose 1, ab Vers 15:

Und der König von Ägypten sprach zu den hebräischen Hebammen, von denen die eine Schifra und die andere Pua hieß, und sagte: „Wenn ihr den Hebräerinnen bei der Geburt helft und bei der Entbindung seht, dass es ein Sohn ist, dann tötet ihn, wenn es aber eine Tochter ist, dann mag sie am Leben bleiben. Aber weil die Hebammen Gott fürchteten, taten sie nicht, wie ihnen der König von Ägypten gesagt hatte, sondern ließen die Jungen am Leben. Da rief der König die Hebammen zu sich und sagte zu ihnen: Warum habt ihr das getan, dass ihr die Jungen am Leben gelassen habt? Die Hebammen antworteten dem Pharao: Ja, die hebräischen Frauen sind nicht wie die ägyptischen, denn sie sind kräftig; ehe die Hebamme zu ihnen kommt, haben sie schon geboren. Und Gott tat den Hebammen Gutes, und das Volk vermehrte sich und wurde sehr stark.

Gott war mit diesem Volk, da nützt die beste Intrige und die größte Macht Ägyptens nichts. Also wird der Pharao missmutig und noch rabiater. Er befiehlt, dass jeder hebräische Sohn, der geboren wird, in den Nil geworfen werden soll.

Genau das war die Zeit, in der Mose geboren wurde. Mit ihm sollte ebenso verfahren werden. Sein Schicksal schien besiegelt, aber wie immer, die Juden sind schlau und klug. Moses Mutter brachte ihn heimlich zur Welt, legte ihn in ein Schilfkörbchen, das sie vorher mit Asphalt und Pech verklebt hatte. Deckel drauf, der Korb schwimmt gut. Dann legte sie diesen Korb mit ihrem Sohn in das Schilf des Nils und beobachtete, was geschehen würde.

Damals hatte der Nil wohl noch Trinkwasserqualität. Baden jedenfalls war bedenkenlos möglich. Genau das tat die Tochter des Pharaos, exakt an der Stelle, an der Mose im Wasser dümpelte. Sie findet den kleinen Schreihals und ihr Mutterinstinkt erwacht.

„Nein, ist der Kleine süß. Du Papa, darf ich den behalten?"

„Aber klar, meine Tochter!"

Auf diese Weise kam wieder ein Hebräer ins königliche Haus.

Mose wuchs als Adoptivsohn von Pharaos Tochter auf. Der König war quasi sein Stiefopa. Dass dieser Bengel dem Nachfolger-Pharao, 80 Jahre später, ganz schön Ärger bescheren würde, konnte Opa in diesem Moment natürlich nicht ahnen.

Vierzig Jahre lang lebte Mose dort im königlichen Palast. Die Sklaverei seiner Landsleute sah er nur aus der Befehlshaberposition. Im Herzen war er ein Ägypter. Wie auch sonst, er hatte es nie anders kennengelernt. Aber Gerechtigkeitssinn hatte er. Der tritt klar zutage, als Mose eines Tages draußen auf der Baustelle einen ägyptischen Aufseher beobachtet, der einem Hebräer Gewalt antut.

„Hey Junge, so geht's aber nicht!"

Mose erschlägt den Aufseher und vergräbt ihn im Sand. Hilft nichts, die Hebräer sind alles andere als dankbar, im Gegenteil, sie verpetzen ihn. Der Pharao rast vor Wut und will jetzt seinerseits Mose umbringen. So groß ist sein „Opa"-Instinkt offensichtlich doch nicht. So bleibt Mose nichts anderes übrig, als schnellstens zu verschwinden. Er flüchtet in die Wüste. Nun sitzt der ehemalige Pharao-Enkel da, ohne Prunk, nur noch Wüstensand und sengende Sonne. Schließlich setzt er sich an einen Brunnen. Was nun?

2. Buch Mose 2, 16:
Nun hatte der Priester von Midian sieben Töchter, die kamen, schöpften Wasser und füllten die Tränkrinnen, um die Herde ihres Vaters zu tränken. Aber die Hirten kamen und trieben sie weg. Da stand Mose auf, half ihnen und tränkte ihre Herde.

Hilfsbereit war er immer noch!

Verse 18 – 20:

Als sie nun zu ihrem Vater Reguel kamen, sagte er: Warum seid ihr heute so früh gekommen? Sie antworteten: Ein ägyptischer Mann hat uns aus der Gewalt der Hirten befreit, und er hat sogar eifrig für uns geschöpft und die Herde getränkt. Da sagte er zu seinen Töchtern: Und wo ist er? Warum habt ihr denn den Mann draußen gelassen? Ladet ihn doch ein, damit er Brot mit uns isst!"

Das hat Mose getan, aber nicht nur einmal, nein, häufiger! Und schließlich hat er eine der Töchter, Zippora, geheiratet. Und sie lebten glücklich bis ... ... Nicht doch! Die Story ist hier noch nicht zu Ende. Im Grunde geht sie jetzt erst richtig los.

Der 40-jährige Mose lebt in der Wüste weitere 40 Jahre mit seiner Frau und ihrer ganzen Sippe. Ein ganz normales Leben. Erst Königssohn, dann Viehhirte und schließlich ist er 80 Jahre alt.

Unsereins meint, mit diesem Alter hat er auch nichts mehr zu erwarten. Weit gefehlt. Seine Berufung beginnt nämlich erst jetzt!

Mose war 80 Jahre alt, als Gott ihm erscheint und einen scheinbar absurden Auftrag gibt. Er meint, dass das Geschrei der Hebräer in Ägypten vor ihn gekommen sei.

2. Mose 3, 9 und 10:

Ich habe die Bedrängnis gesehen, mit der die Ägypter sie – die Israeliten – quälen. Nun aber geh hin, denn ich will dich zum Pharao senden, damit du mein Volk, die Söhne Israel, aus Ägypten herausführst.

„Klar Gott, ist ja kein Problem. Ich geh da hin, nehme die Hunderttausenden von Israeliten bei der Hand und wir zwitschern gemeinsam ab. Der Pharao wird uns bestimmt noch zum Abschied winken."
Wenn dem so einfach wäre! Nein, Mose hat natürlich ganz anders reagiert. Er hat gestaunt und dann abgewehrt.
„Wie soll ICH das Volk da wegführen? Erstens werden mir die Israeliten nicht glauben, wenn ich komme und ihnen erzähle, dass Gott mich geschickt hat. Zweitens lässt uns der Pharao ganz bestimmt nicht gehen und drittens bin ich alles andere als wortgewandt. Meinst du, dass die gerade MIR nachfolgen werden?"
Kennen wir so eine Haltung?
„Ich bin zu klein, zu dumm, zu schlecht ausgebildet oder zu …". Irgendetwas! Gründe, warum wir etwas *nicht* können, fallen uns massenhaft ein. Wir fühlen uns unfähig für viele Aufgaben.
Gott beeindruckt Moses Abwehrhaltung überhaupt nicht. Als der weiterjammert wird Gott letztendlich massiv und Mose bleibt nichts anderes übrig, als nachzugeben, sein Ränzchen zu schnüren und wieder nach Ägypten zu pilgern. Das alles im Alter von 80 Jahren!
Dort angekommen geht Mose schnurstracks zum König und eröffnet ihm, er sei gekommen, um das Volk

Israel nach Hause zu führen. Wie erwartet ist der Pharao alles andere als begeistert. Da kommt ein Mann namens Moses und will ihm einfach die billigen Arbeitskräfte wegnehmen. So geht das nicht! Mose beruft sich auf Gott und der Pharao lässt sich auf ein Kräftemessen ein. Also schickt Gott Plagen über Ägypten.

Auf die wollen wir im Einzelnen gar nicht näher eingehen. Die kannst du selbst nachlesen. Du findest sie im 2. Buch Mose, in den Kapiteln 7 bis 10. Gott verwandelt das Wasser des Nils in Blut, so dass kein Trinkwasser mehr da ist, er schickt eine Heuschrecken- und Mückenplage, Hagel, Finsternis und so einiges mehr. Jedes Mal gibt der Pharao nach und bittet Mose, dass Gott die jeweilige Plage beenden möge, danach lasse er Israel ziehen. Doch kaum ist die Plage vorbei, meint Pharao: Was kümmert mich mein Geschwätz von gestern!? Und die Sklaverei geht weiter.

Das ist nichts Neues für Mose, das hat Gott ihm vorher schon prophezeit. Aber schließlich kündigt Gott die zehnte und letzte Plage an. Auf die gehen wir wieder genauer ein, denn sie ist zentraler Dreh- und Angelpunkt des Evangeliums Jesu.

Auszug aus dem 11. Kapitel des 2. Buchs Mose:
… Mose nun sagte zum Pharao: so spricht der HERR: Um Mitternacht will ich ausgehen – also Gott selbst - *und mitten durch Ägypten schreiten.*
Dann wird alle Erstgeburt im Land Ägypten sterben, von dem Erstgeborenen des Pharaos, der auf seinem

Thron sitzt, bis zum Erstgeborenen der Sklavin hinter der Handmühle, sowie alle Erstgeburt des Viehs. ... Aber gegen keinen von den Söhnen Israel wird auch nur ein Hund seine Zunge spitzen, vom Menschen bis zum Vieh, damit ihr erkennt, dass der HERR einen Unterschied macht zwischen Ägyptern und den Israeliten. Dann werden diese deine Hofbeamten alle zu mir herabkommen, sich vor mir niederbeugen und sagen: Zieh aus, du und das ganze Volk, das in deinem Gefolge ist. Und danach werde ich ausziehen. – Und er ging in glühendem Zorn vom Pharao hinaus."

Im Klartext heißt das, dass in jeder ägyptischen Familie, egal ob Pharao- oder Dienstbotenfamilie, das älteste Kind sterben wird. Ebenso bei den Tieren, das älteste Jungtier wird diese Nacht nicht überleben. Kannst du dir vorstellen, wie viele Leichen und Kadaver in dieser einen Nacht in Ägypten die Häuser und Straßen gepflastert haben?

Aber Gott fügt hinzu, dass allen Angehörigen des Volkes Israel und deren Tieren nichts geschehen wird, überhaupt nichts. Nur Ägypter sterben. Der Pharao hat's provoziert! Neun Plagen lang hat er nicht nachgegeben. Jetzt kommt die zehnte, die alles entscheidende.

Das ist ausschlaggebend auch für das weitere Geschick des Volkes Israel, bis hin zum Kreuzestod Jesu. Gott ruft damit das erste Passahfest aus. Ab jetzt beginnt die jüdische Zeitrechnung, die bis heute gültig ist.

Wenn du die zehnte Plage genau nachlesen willst, dann lies in der Bibel Kapitel 12 im 2. Buch Mose. Ich fasse hier nur das Wesentliche zusammen:
Jedes Haus im Volk Israel soll ein Lamm schlachten. Ohne Fehler soll es sein, männlich und ein Jahr alt. Mit dem Blut des Lammes sollen sie die Türpfosten und die Oberschwellen ihrer Türen bestreichen. Das Fleisch soll im Feuer gebraten und noch in derselben Nacht gegessen werden, dazu ungesäuertes Brot. Wenn etwas übrigbleibt, soll es am Morgen verbrannt werden. Es dürfen keine Reste bleiben.
Gott wird in dieser Nacht durch Ägypten ziehen und, wie angekündigt, jede Erstgeburt töten. An den Häusern, an denen er das Blut des Lammes sieht, wird er vorübergehen. Dort wird niemand umgebracht. Jetzt noch Vers 14 im 12. Kapitel:

Und dieser Tag soll euch eine Erinnerung sein, und ihr sollt ihn feiern als Fest für den HERRN. Als ewige Ordnung für all eure Generationen sollt ihr ihn feiern.

Genau das tun die Juden heute noch. Sie feiern ihr Passahfest im Gedenken an den Auszug aus Ägypten. Auch für uns Christen hat dieses Passah eine besonders weitreichende Bedeutung. Darauf gehen wir im nächsten Kapitel ein!
Es geschieht, wie Gott es angekündigt hat. Die Juden schlachten ihr Passahlamm, bestreichen die Türpfosten mit dem Blut der Lämmer und bleiben verschont von dem grauenvollen Massaker in dieser Nacht.

In allen ägyptischen Familien, auch im Hause des Pharaos, stirbt jeder erstgeborene Sohn. Ein Geschrei der Wehklage braust durch das Land. Der Pharao ist fix und fertig und lässt Israel nun endgültig ziehen.

Das heißt, so einfach geht das doch nicht. Denn nicht lange nach ihrem Wegzug jagt ihnen der Pharao schon wieder nach, aber Israel ist und bleibt jetzt frei. Es heißt, das Alte Testament wirft dem Neuen seine Schatten voraus. Du kannst das Werk Jesu nicht wirklich verstehen, wenn du die Zusammenhänge im Alten Testament nicht kennst. Aber du hast in diesem Buch bereits eine Menge an Grundlagen gelesen. Vielleicht ist bei dem einen oder anderen ein echter Aha-Effekt entstanden oder er kommt noch. Ganz zentral in diesem Verständnis ist das Passahfest. Du kannst nicht annähernd erkennen, was das Blut Jesu wirklich für dich bedeutet, wenn du die Zusammenhänge des Passahs nicht angeschaut hast. Aus diesem Grund haben wir in diesem Kapitel die geschichtlichen Zusammenhänge aus der Bibel gebracht, die zum Passah geführt haben. Die echte Tragweite dieses Ereignisses führen wir im folgenden Kapitel zusammen.

Weiß wie Blut

Jedes Kind weiß, dass Blut rot ist und wenn es herumspritzt, dann es gibt es eine Riesensauerei! Physisch gesehen ist das völlig richtig. Dennoch hat Blut eine Waschkraft, von der du bisher vielleicht noch nichts geahnt hast. Die wirkt allerdings nicht bei Wäsche! Bis zum Ende dieses Kapitels wird dir diese Waschformel aber klar sein. Es wird richtig interessant, denn wir lüften nun das Wieso und Warum.

Was bedeutet der Tod Jesu für uns Menschen? Ist das nur fanatischer Blödsinn oder steckt doch etwas dahinter?

Soviel vorab: Ich selbst habe 28 Jahre meines Lebens als eingefleischter Atheist verbracht, der überzeugt war, realistisch mit beiden Beinen auf dem Boden zu stehen. An etwas zu glauben, was ich nicht sehen und beweisen kann war für mich absoluter Humbug. Heute kann ich dir felsenfest versichern, dass du keinen blinden Glauben an einen Gott zu haben brauchst, den es „vielleicht" gibt, vielleicht aber auch nicht.

Gott ist erfahrbar! Er möchte eine persönliche Beziehung zu dir. Und wenn du die hast, dann kannst du überhaupt nicht mehr zweifeln, dann fragst du nicht mehr, ob es ihn gibt und wo er ist. Du redest mit ihm und, ob du es glaubst oder nicht, er antwortet! Vielleicht auf eine Weise, die du so nicht vermutet hättest. Aber wenn er antwortet, dann weißt du es ganz genau.

Gott sagt in seinem Wort, der Bibel: „Ich bin derselbe, gestern, heute und in Ewigkeit".

ER ändert sich nicht. Deshalb können wir die mehrere tausend Jahre alten Worte der Bibel uneingeschränkt auf heute übertragen. Die Bibel ist aktuell! Sie wird es immer bleiben.

Jesus sagt: „Himmel und Erde werden vergehen, aber meine Worte werden nicht vergehen".

Also nehmen wir ihn doch beim Wort. Darauf kannst du ihn festnageln, aber dazu musst du es natürlich erst einmal gut kennen.

Wie gesagt, wir knacken nun das Wieso und Warum, den Grund, weshalb Jesus am Kreuz sterben musste und was das für uns auch heute noch bedeutet. Scheinbare Märchen bekommen plötzlich einen Sinn, einen Sinn für die Ewigkeit.

Bevor wir wieder zum Passah zurückkehren, schauen wir zunächst noch auf das jüdische Gesetz und die Opferrituale zur Bedeckung der Sünden und dann platzt endlich der Knoten, nämlich was Jesus mit deiner persönlichen Beziehung zu Gott zu tun hat.

Als die Israeliten aus Ägypten endlich weg waren, wanderten sie jahrelang durch die Wüste, bis sie schließlich in IHREM Land, dem gelobten Land ankamen. Das ist ein eigenes Thema. In dieser Wüste hat Mose von Gott das Gesetz empfangen, das sogenannte jüdische oder auch mosaische Gesetz. Es ist ellenlang und für einen Nichtjuden grottenlangweilig.

Ich kann jedem Bibelneuling deshalb nur empfehlen die Bibel nicht vorne zu beginnen. Du würdest sie spätestens im dritten Buch Mose weglegen. Fang im Neuen Testament an, am besten im Johannesevangelium, ziemlich weit hinten in der Bibel. Da steht das für dich anfänglich Relevante drin.

Nichtsdestotrotz lesen wir jetzt aus dem dritten Buch Mose Gottes Vorschrift über das Brandopfer. Du brauchst es nicht im Einzelnen verfolgen. Es genügt, wenn du einen Gesamteindruck mitnimmst. Querlesen oder überfliegen reicht aus.

3. Mose, 1. Kapitel:

Will er ein Brandopfer darbringen von Rindern, so opfere er ein männliches Tier, das ohne Fehler ist, vor der Tür der Stiftshütte, damit es ihn wohlgefällig mache vor dem HERRN, und lege seine Hand auf den Kopf des Brandopfers, damit es ihn wohlgefällig mache und für ihn Sühne schaffe. Dann soll er das Rind schlachten vor dem HERRN und die Priester, Aarons Söhne, sollen das Blut herzubringen und ringsum an den Altar sprengen, der vor der Tür der Stiftshütte ist. Und er soll dem Brandopfer das Fell abziehen und es in seine Stücke zerlegen. Und die Priester, Aarons Söhne, sollen ein Feuer auf dem Altar machen und Holz oben darauflegen und sollen die Stücke samt dem Kopf und dem Fett auf das Holz legen, das über dem Feuer auf dem Altar liegt. ... Und so soll's der Priester auf dem Altar in Rauch aufgehen lassen auf dem Holz über dem Feuer. Das ist ein Brandopfer, ein Feueropfer zum lieblichen Geruch für den HERRN.

Wie gesagt, du brauchst es nicht im Einzelnen nach-zulesen, ein Eindruck genügt. Dieses Gesetz ist für uns inzwischen überholt, wir brauchen es nicht mehr. Dafür kam Jesus. Er selbst hat gesagt:

Matthäus 5, Vers 17:
Ihr sollt nicht meinen, dass ich gekommen bin, das Ge-setz oder die Propheten aufzulösen; ich bin nicht ge-kommen aufzulösen, sondern zu erfüllen.

Was die Juden früher durch ihre regelmäßigen Opfer immer wieder tun mussten, das hat Jesus durch sein Opfer am Kreuz ein für alle Mal erfüllt. Die Israeliten brachten ihre Opfer, um sich vor Gott von ihren Sün-den zu reinigen. Weg waren die deshalb nicht, aber sie waren bedeckt. Die Juden konnten danach wieder frei vor Gott treten. Immer wieder wurden Tiere ge-schlachtet und geopfert, ein Ritual nach dem ande-ren. Die Juden traten vor Gott, opferten vorher, da-nach sündigten sie wieder. Also musste wieder geop-fert werden, ein endloser Kreislauf.
Oft hat Gott gesagt: „Ihr widert mich an. Ich kann euer Opfer nicht mehr riechen." Das war schlicht und ergreifend deshalb, weil sie einerseits ihre Opfer brachten und so ihre Sünden bedeckten, anderer-seits ging die Maschinerie der Sünde anschließend wieder von vorne los. Gott war ihnen egal, sie taten was sie wollten, fertigten sich sogar ihre eigenen Göt-zen und beteten diese an. Als es ihnen schließlich

wieder schlecht ging schrien sie zu Gott, aber ansonsten taten sie, was *sie* wollten.

Kennen wir diese Situation nicht? Mir kommt sie irgendwie bekannt vor! Auch heute rasen wir achtlos durch unser Leben und wollen von Gott nichts wissen. Aber wehe, es passiert etwas, mit dem wir nicht klarkommen, dann ist unser Geschrei groß, dann rufen wir zu Gott.

Witzigerweise tun das sogar Leute, die gar nicht an Gott glauben. Und letztendlich machen sie Gott verantwortlich für ihre Misere.

„Was ist das für ein Gott", höre ich dann, „warum lässt er das zu?"

Also wenn mein Sohn nicht auf mich hört, stur tut was *er* will und kommt dann mit blutiger Nase nach Hause oder mit einer schlechten Note, dann kann ich ihm nur eines sagen: „Hoffentlich hast du draus gelernt".

Ähnlich ist es mit unserer Beziehung zu Gott. Er sagt uns ganz deutlich wo es lang gehen soll. Das finden wir alles in seinem Wort. Wenn wir allerdings meinen, wir müssten unser eigenes Süppchen kochen, dann bleibt uns nichts anderes übrig, als mit den Konsequenzen zu leben.

Konflikte beginnen in kleinsten Gruppen, wie zum Beispiel der eigenen Familie und endet in der Beziehung ganzer Völker untereinander. Irgendwo kracht es und wieder entsteht ein Krieg. Aber sorry, dafür kannst du nicht Gott verantwortlich machen.

Im Galaterbrief 6, Vers 7 steht:
Irrt euch nicht, Gott lässt sich nicht spotten. Denn was ein Mensch sät, das wird er ernten.

Also erforsche den Willen Gottes und halte daran fest. Die Juden mussten noch für ihre Sünden opfern. Das brauchst du heute nicht mehr. Warum? – Weil Jesus für dich geopfert wurde, ein für alle Mal! Deine Sünden sind nicht mehr nur zeitweise bedeckt, sie sind komplett vergeben!

Schauen wir uns ein bisschen im Neuen Testament um. Hebräer 9, 22:

Und es wird fast alles mit Blut gereinigt nach dem Gesetz, und ohne Blutvergießen geschieht keine Vergebung.

Lies genau: „Ohne Blutvergießen geschieht keine Vergebung". Keine! Der Grund dafür liegt bereits ganz am Anfang der Weltgeschichte, beim Sündenfall. Als Adam und Eva sich Gott widersetzt hatten, wurden, wie die Bibel sagt, „ihre Augen aufgetan und sie erkannten, dass sie nackt waren. Und sie schämten sich."
Was tut Gott? Das können wir ebenfalls der Bibel entnehmen. Er macht ihnen Kleidung aus Tierfell. Das ist das erste Mal, dass Tierblut fließt wegen der Sünde eines Menschen. Blut ist unabdingbar, um Sünde zu bedecken oder zu vergeben. Also gibt Gott

seinem Volk, das früher ausschließlich Israel war, die Möglichkeit sich durch Tieropfer von der Sünde zu reinigen.

Satan, der Vater der Sünde, arbeitet ebenfalls eifrig, um uns Menschen immer und immer wieder zur Sünde zu verführen. Er möchte unsere Seelen zu sich locken. Er hat ein Riesenproblem mit jedem, der im Himmel landet und nicht bei ihm. Deshalb versucht er, alle Menschen soweit er kann von Gott fern zu halten und dazu benutzt er die Sünde.

Gott wiederum möchte, dass alle Menschen zu *ihm* in den Himmel kommen. Immerhin hat er uns geschaffen, nach seinem Willen, nach seinem Bilde, wie die Bibel sagt. Gott liebt uns und wünscht sich nichts sehnlicher, als dass du ganz nahe bei ihm bist. Außerdem möchte er nicht nur *sein* Volk, also Israel bei sich haben, sondern alle!

So zieht Gott einen Plan aus der Tasche, der jedem Menschen weltweit und zu jeder Zeit diese Vergebung der Sünde ermöglicht. Jeder Mensch kann damit dem Satan von der Schippe springen. Nur tun muss es jeder selbst. Gott hat dir und mir einen freien Willen gegeben und den tastet er nicht an. Du musst dich aus freien Stücken selbst für Gott entscheiden. Tust du das nicht, dann entscheidest du dich damit automatisch gegen Gott. Schwarz oder weiß, ja oder nein. Ein bisschen schwanger gibt es nicht, ein bisschen Kind Gottes auch nicht!

Wie sieht der Plan aus, der die ganze Welt zu retten vermag, wenn wir uns freiwillig dafür entscheiden?

Hebräer 10, 18:
Wo aber Vergebung der Sünden ist, da geschieht kein Opfer mehr für die Sünde.

Die Sünden werden also nicht mehr nur bedeckt, sie werden ein für alle Mal vergeben, für immer! Darum ist kein weiteres Opfer jemals mehr nötig.

„Es ist vollbracht", hat Jesus kurz vor seinem Tod ausgerufen. *Ein* Opfer für alle Menschen und für alle Zeiten. Damit ist der Teufel endgültig entmachtet, denn nun hat jeder überall und allezeit die Möglichkeit seine Sünde endgültig abzustreifen, ein Kind Gottes zu werden und in Ewigkeit zu leben. Ein größeres Geschenk konnte Gott uns nie machen.

Du kannst dich nicht selbst freikaufen, das geht nicht. Du kannst auch nichts machen, um dir diese Freiheit zu erarbeiten. Du kannst nur eines tun: Nimm dieses Geschenk Gottes an! Einfach annehmen und dich bewusst für Jesus entscheiden. Das ist alles. Es ist so einfach!

Gott hat uns dieses endgültige Opferlamm geschickt. Es musste ein Mensch sein, frei von jeder Sünde. Das konnte kein Normalsterblicher sein, deshalb sendet Gott seinen einzigen Sohn in diese Welt, der für uns geopfert wird. Er ist das Lamm, das deine Sünde endgültig getilgt hat.

Johannesevangelium Kapitel 1, Verse 10 – 17, sehr poetisch geschrieben. Es geht um Jesus:

„Er war in der Welt, und die Welt ist durch ihn gemacht; aber die Welt erkannte ihn nicht. Er kam in sein Eigentum; und die Seinen nahmen ihn nicht auf. Wie viele ihn aber aufnahmen, denen gab er Macht, Gottes Kinder zu werden, denen, die an seinen Namen glauben, die nicht aus dem Blut noch aus dem Willen des Fleisches noch aus dem Willen eines Mannes, sondern von Gott geboren sind. Und das Wort ward Fleisch und wohnte unter uns, und wir sahen seine Herrlichkeit, eine Herrlichkeit als des eingeborenen Sohnes vom Vater, voller Gnade und Wahrheit.
Johannes gibt Zeugnis von ihm und ruft: Dieser war es, von dem ich gesagt habe: Nach mir wird kommen, der vor mir gewesen ist; denn er war eher als ich. Und von seiner Fülle haben wir alle genommen Gnade um Gnade. Denn das Gesetz ist durch Mose gegeben; die Gnade und Wahrheit ist durch Jesus Christus geworden.

Die Bibel ist gespickt mit Stellen, die diese Vergebung durch Jesus untermauern:

Apg 10, 43
Von diesem (gemeint ist Jesus) *bezeugen alle Propheten, dass durch seinen Namen alle, die an ihn glauben, Vergebung der Sünden empfangen sollen.*

Apg 13, 38 - 39

So sei euch nun kundgetan, liebe Brüder, dass euch durch ihn Vergebung der Sünden verkündigt wird; und in all dem, worin ihr durch das Gesetz des Moses nicht gerecht werden konntet, ist der gerecht gemacht, der an ihn (Jesus) *glaubt.*

Apg 26, 18:

... um ihnen die Augen aufzutun, dass sie sich bekehren von der Finsternis zum Licht und von der Gewalt des Satans zu Gott. So werden sie Vergebung der Sünden empfangen und das Erbteil samt denen, die geheiligt sind <u>durch den Glauben an mich</u> (also Jesus).

Eph 1, 7:

In ihm (Jesus) *haben wir die Erlösung durch sein Blut, die Vergebung der Sünden, nach dem Reichtum seiner Gnade.*

Kol 1, 14:

... in dem (Jesus) *wir die Erlösung haben, nämlich die Vergebung der Sünden.*

Jesus selbst hatte bereits die Erlösung durch sein Blut angekündigt:

Mt 26, 28:

... das ist mein Blut des Bundes, das vergossen wird für viele zur Vergebung der Sünden.

Und der Klassiker unter den Worten Jesu:

Joh 14, 6:
Ich bin der Weg und die Wahrheit und das Leben; niemand kommt zum Vater als nur durch mich.

Das darfst du ruhig wörtlich nehmen. Niemand kommt zum Vater als nur durch ihn. Nur durch Jesus hast du Zugang zu Gott. Es gibt kein Vermischen und Zusammenrühren von Religionen: Jeder geht den Weg, den er gerade gehen möchte.
Nein! Wozu denn auch? Es geht doch gar nicht einfacher, als lediglich das Opfer Jesu für sich persönlich anzunehmen. Du musst ihn nur annehmen, das war's. Einfacher kann es Gott uns doch gar nicht machen. Was für eine Gnade!

Apg 10, 43:
Von diesem (gemeint ist Jesus) *bezeugen alle Propheten, dass durch seinen Namen alle, die an ihn glauben, Vergebung der Sünden empfangen sollen.*

Deine Sünde ist ein für alle Mal getilgt, wenn du Jesus ehrlichen Herzens annimmst, egal was du vorher alles ausgefressen hast. Ich wiederhole: Egal was du vorher alles ausgefressen hast! Du brauchst dir selbst keine Vorwürfe mehr machen. Gott vergibt dir, er spricht dich gerecht. Gerecht heißt bei Gott, dass er dir alle Sünden vergeben hat und du in völliger Freiheit zu ihm kommen kannst.

Apg 22, 16:
Und nun, was zögerst du? Steh auf und rufe seinen Namen an und lass dich taufen und deine Sünden abwaschen.

Du hast direkten Zugang zu ihm. Was musst du tun, um das zu erlangen?

Römer 10, Verse 9 – 10:
Denn wenn du mit deinem Munde bekennst, dass Jesus der HERR ist, und in deinem Herzen glaubst, dass ihn Gott von den Toten auferweckt hat, so wirst du gerettet. Denn wenn du von Herzen glaubst, so wirst du gerecht; und wenn du mit dem Munde bekennt, so wirst du gerettet.

Demnach sind zwei Dinge nötig:
Erstens: Bekenne Jesus als deinen HERRN. Immerhin ist er es, der dich ein für alle Mal aus der Sünde herausgeholt hat.
Zweitens: Loses Plappern allein nützt nichts, wenn du es nicht ernsthaft meinst.

Ein kurzes, ehrliches Gebet und schon bist du ein Kind Gottes. Wie einfach! – Wenn du jetzt gerne zu Jesus kommen möchtest und dich für ihn entschieden hast, dann sprich einfach das folgende Gebet:

Gebet

„Lieber Herr Jesus,
ich nehme deine Einladung an und komme zu dir mit all meinen Sünden, Problemen und Abhängigkeiten. Ich wende mich ab von allem Bösen und wende mich dir zu. Ich setze mein Vertrauen ganz auf dich. Du bist der Sohn des lebendigen Gottes. Ich glaube von ganzem Herzen, was ich jetzt mit meinen Worten bekenne:
Du bist mein Erlöser, mein Herr und mein Gott. Ich danke dir, dass du mich als dein Kind angenommen hast. Ich öffne mich für deinen Heiligen Geist und will dir alle Tage meines Lebens nachfolgen.
Heiliger Geist, komm und erfülle mich von nun an. Ich vertraue dir und überlasse mich deiner Führung. In Jesu Namen! Amen!"

Ich habe das Gebet aufrichtigen
Herzens gesprochen am:

....

Das war's. Es ist vollbracht, wie Jesus am Kreuz gesagt hat. Wenn du dieses Gebet aufrichtigen Herzens gesprochen hast, dann bist du jetzt ein Kind Gottes. Du hast nun freien Zugang zu ihm. Wende dich an ihn. Lege ihm alle deine Sorgen und Nöte hin. Aber halte zwischendrin auch mal Stille. Ich verspreche dir eines: Er wird dir antworten. Du wirst in dir drinnen eine ganz sanfte Stimme vernehmen. Das bist nicht du selbst. Nein, das ist ER. Rede mit ihm!

Ich verspreche dir noch eines. Du wirst 1000 Fragen haben! Deshalb triff dich mit Christen, die Gott bereits kennen und dich nach und nach immer näher zu ihm hinführen können. Warte nicht auf irgendwann. Tu es gleich! In fast jeder Stadt gibt es christliche Gemeinden, die sich auf die Bibel und Jesus als ihr Fundament berufen. Dort gehe hin!

Du kannst Fragen zum Evangelium und deiner Suche nach einer geeigneten Gemeinde gerne auch an mich richten. Eine E-Mail-Adresse findest du ganz vorne in diesem Büchlein.

Ich hoffe, dass heute für dich der erste Tag in deinem neuen Leben geworden ist. Ein Leben in Ewigkeit, ein Leben mit Gott. Bewahre es konsequent, denn dem Teufel passt das überhaupt nicht. Er wird versuchen, dir Gottes Wort wieder aus deinem Herzen zu reißen. Lass es nicht zu! Lies Gottes Wort regelmäßig, denn nur so kannst du dem Satan widerstehen.

Wenn Anfechtungen kommen, dann schmeiß Satan Gottes Wort um die Ohren, denn das kann er überhaupt nicht ertragen.

Du kannst auch Jesus selbst sein eigenes Wort zitieren. „Jesus, du sagst in deinem Wort ... (und dann zitiere aus der Bibel). Da du felsenfest zu deinem Wort stehst, nehme ich das jetzt für mich in Anspruch."

Lies ihm sein eigenes Wort vor und glaube, dass es sein wird. Gott erhört alle Gebete, die seinem Willen entsprechen. Den wiederum findest du ganz präzise in seinem Wort. Halte einfach daran fest und du wirst echte Wunder erleben!

Durchbohrt um unserer Vergehen willen

Nochmals zurück zum Passah in Ägypten. Was hat dieses Ereignis denn mit dem Kreuzestod von Jesus zu tun? Dazu vergegenwärtigen wir uns nochmals folgendes Ereignis.

Die Juden schlachteten ein Lamm und bestrichen die Eingangstüre ihrer Häuser ringsum mit dem Blut. In der Nacht wütete der Verderber in Ägypten, doch überall dort, wo er das Blut des Lammes vorfand durfte er nichts ausrichten. Dieses Blut war ein gigantischer Schutzwall vor ihm. Dadurch wurde Gottes Volk Israel vor dem Massaker in dieser Nacht verschont.

Das Alte Testament wirft seine Schatten voraus auf die Dinge, die sich später bei Jesus ereigneten. Dieses Passah ist vielleicht der elementarste Schatten schlechthin. Jesus wurde für uns zum Opferlamm gemacht, durch dessen Blut wir für immer von der Sünde gereinigt sind. Wer Jesus angenommen hat, wer sich quasi mit seinem Blut bestrichen hat, der trägt diesen hoch wirksamen Schutzschild vor dem Verderber, dem Teufel.

Der Satan hat nun keine Macht mehr über dich, Jesus hat ihn endgültig entmachtet! Du bist von diesem Zeitpunkt an ein Bürger des Himmels und lebst damit nicht mehr unter den Gesetzen dieser Welt, also des Teufels, sondern unter den Gesetzen Gottes. Paulus vergleicht uns mit Botschaftern:

2. Korinther 5, 20:

*So sind wir nun Botschafter an Christi statt, denn Gott
ermahnt durch uns; so bitten wir nun an Christi statt:
Lasst euch versöhnen mit Gott!*

Wenn du eine andere Bibelübersetzung benutzt,
dann kann an dieser Stelle auch stehen *Gesandter*.
Genau das ist ein Botschafter! Er ist von einer Regierung in ein fremdes Land gesandt, um dort auf
höchster Ebene sein eigenes Land zu vertreten, mit
allen Rechten und Vollmachten.

Die deutsche Botschaft in Chile ist deutsches Territorium, auf dem deutsches Gesetz herrscht. Sie befindet sich in Chile und im ganzen Land herrscht chilenisches Gesetz, doch auf dem Gelände dieser Botschaft mitten im Land Chile herrscht deutsches Gesetz!

Genauso ist es mit dir als Kind Gottes, das mit dem
Blut Jesu „bestrichen" ist. Du lebst in einer Welt, die
legal vom Satan regiert wird und dennoch gelten
seine Gesetze für dich nicht mehr. Er hat kein Anrecht auf dich!

Mit allen Mitteln, durch Täuschen und Lügen wird er
trotzdem versuchen dich zu beherrschen, aber du
kannst ihm im Namen Jesu widerstehen. Ein legales
Anrecht auf dich hat er jedenfalls nicht mehr! Der
Verderber Teufel muss an deinem „Haus", das mit
dem Blut des Lammes Jesus bestrichen ist, vorüberziehen!

Jes 1, 18

So kommt denn und lasst uns miteinander rechten,
spricht der HERR. Wenn eure Sünde auch blutrot ist,
soll sie doch schneeweiß werden, und wenn sie rot ist
wie Scharlach, soll sie doch wie Wolle werden.

Offb 7, 14

Diese sind's, die gekommen sind aus der großen Trüb-
sal und haben ihre Kleider gewaschen und haben ihre
Kleider hell gemacht im Blut des Lammes.

Das Blut des Lammes wäscht weiß, weißer geht's
nicht! Du bist reingewaschen, wenn du dein Gebet zu
Jesus aufrichtig gesprochen hast. Vielleicht kannst
du es noch gar nicht richtig ermessen was sich
dadurch ereignet hat, aber du hast damit einen Meilenstein für den Rest deines – ewigen - Lebens gelegt.
Nein, nicht *einen* Meilenstein, sondern *den* Meilenstein schlechthin:

2. Kor. 5, 17

Daher, wenn jemand in Christus ist, so ist er eine neue
Schöpfung; das Alte ist vergangen, siehe, Neues ist ge-
worden.

Mit diesem kleinen Gebet bist du völlig neu geworden. Die Bibel spricht von Wiedergeburt, geistlicher
Wiedergeburt. Dein innerer Mensch ist komplett erneuert. Du hast „den alten Menschen abgelegt und

Christus angezogen". Diese Wiedergeburt meinte Jesus, als er zu Nikodemus sagte:

Joh 3, 3
Wahrlich, wahrlich, ich sage dir: Wenn jemand nicht von neuem geboren wird, kann er das Reich Gottes nicht sehen.

Wir wollen nochmals auf die Opferrituale eingehen, die das Volk Israel im Alten Testament auf Gottes Befehl hin immer wieder praktizieren musste. Einen scheinbar nebensächlichen Aspekt dabei finden wir in der Architektur des Tempels, denn die spielt beim beim Tod Jesu eine ganz wichtige Rolle, die wir in der Bibel allerdings sehr leicht überlesen.

Hebräer 9, 22
Es wird fast alles mit Blut gereinigt nach dem Gesetz, und ohne Blutvergießen geschieht keine Vergebung.

Das finden wir schon ganz zu Beginn der Menschheit, direkt nach dem Sündenfall. Gott hatte den Menschen fehlerlos und rein erschaffen.

1. Mose 2, 25
Und sie waren beide nackt, der Mensch und seine Frau, und sie schämten sich nicht.

Sie brauchten keine Kleidung. Es gab nichts, das sie bedecken mussten. Schmutzige Gedanken und perverses Handeln waren noch nicht erfunden und

Sünde nicht geboren. Darum waren sie nackt und sie schämten sich nicht. Dann kam der Sündenfall.

1. Mose 3, 7:
Da wurden ihrer beider Augen aufgetan, und sie erkannten, dass sie nackt waren; und sie hefteten Feigenblätter zusammen und machten sich Schurze.

Nun ging es los. Die Sünde hatte den Menschen erreicht. Sie schämten sich nicht nur voreinander, sie schämten sich auch vor Gott, ihrem Schöpfer. Das Schöne war, sie hatten noch eine echte Beziehung zu Gott, sie kannten ihn persönlich. Lesen wir weiter.

Ab Vers 8:
Sie hörten die Stimme Gottes, des HERRN, der im Garten wandelte bei der Kühle des Tages. Da versteckten sich der Mensch und seine Frau vor dem Angesicht Gottes, des HERRN, mitten zwischen den Bäumen des Gartens. Und Gott, der HERR, rief den Menschen und sprach zu ihm: Wo bist du? Da sagte er – der Mensch -: *Ich hörte deine Stimme im Garten und ich fürchtete mich, weil ich nackt bin, und ich versteckte mich. Und* er – Gott – *sprach: wer hat dir erzählt, dass du nackt bist?*

Der jetzt sündige Mensch schämt sich und bedeckt sich mit Feigenblättern. Gott stellt ihn erst einmal zur Rede und bekleidet ihn schließlich mit Fellen.

1. Mose 3, 21:
Und Gott, der HERR, machte Adam und seiner Frau Leibröcke aus Fell und bekleidete sie.

Jetzt floss erstmals Blut – Tierblut –, um die Sünde des Menschen zu bedecken. Und so blieb es viele Jahrtausende. Gott führte das Opferritual ein und immer wieder wurden Tiere geopfert, um die Sünde der Menschen zu bedecken.

Nochmals Hebräer 9, 22:
Und es wird fast alles mit Blut gereinigt nach dem Gesetz, und ohne Blutvergießen geschieht keine Vergebung.

Die Menschen sündigen immer wieder, das ist ihre Natur geworden. Aber in der Sünde können sie nicht vor Gott bestehen, also muss die Sünde gesühnt werden. Wie geht das? - Blutvergießen!

Schauen wir uns das Prinzip des jüdischen Opferrituals nochmals näher an. Warst du schon einmal der Sündenbock für etwas, das du gar nicht selbst getan hast? So etwas kommt gelegentlich vor. Jemand schiebt dir die Schuld in die Schuhe und du musst dafür geradestehen. Dieser Begriff des Sündenbocks kommt tatsächlich aus der Bibel.
Die Juden nahmen zwei Böckchen und schlachteten das eine für ein Brandopfer. Sein Blut wurde auf den

Altar und sogar auf das Volk gesprengt. Auf das andere Böckchen übertrugen sie symbolisch die Sünde des Volkes und schickten ihn dann im sprichwörtlichen Sinne „in die Wüste". Auch dieser Spruch kommt aus der Bibel.

Diese Böcke durften nicht irgendwelche Böcke sein. Nein, sie mussten fehlerfrei sein, also nicht krank, lahm oder schlecht gewachsen.

Jedes Jahr versammelte sich das Volk und der Hohepriester übte dieses Ritual aus. Der Mensch blieb trotzdem sündig und immer wieder war diese Sündenreinigung fällig. Die Sünde wurde damit nur „bedeckt", aber nicht ausgelöscht. Der Satan lacht sich ins Fäustchen, denn die Sünde existiert weiterhin.

Als die Zeit endlich reif dafür ist, zieht Gott seinen Plan aus der Tasche, der genau diesen Zustand für immer ändern würde. Es sollte nicht mehr Tierblut fließen, sondern Menschenblut! Auch hier, es musste von einer Person kommen, die fehlerfrei ist und sündlos. So einen Menschen such mal, den wirst du hier auf Erden nicht finden!

Was also macht Gott? Er schickt seinen eigenen Sohn in die Welt, Jesus. Der wird geboren, wie jeder andere Mensch auch, nur nicht „in Sünde gezeugt". Er lebt sündlos und stirbt schließlich am Kreuz.

Das war nicht etwa ein dummes Schicksal, das ihn da ereilt hätte, es war Teil des Planes Gottes. Propheten haben es etliche Jahrhunderte vorher prophezeit und bereits sehr deutlich beschrieben. Jesus wird der Sündenbock für uns alle, für immer und für alle Zeit.

Johannes der Täufer hat auf Jesus gedeutet und gesagt: „Siehe, das Lamm Gottes". Er wusste genau wovon er dabei spricht. Jesu Blut fließt, um die Sünde aller Mensch für immer zu tilgen. Nicht nur zu bedecken, sondern endgültig auszulöschen, zu vergeben. Von nun an ist kein weiteres Opferritual jemals mehr nötig. Wir brauchen dieses Opfer Jesu einfach nur annehmen.

Jesus ist nicht nur ein Prophet, wie die Muslime ihn beschreiben. Er ist auch nicht einfach ein Guru neben vielen anderen, wie viele Hindus sagen. Nein, er ist das „Lamm Gottes, das die Sünde der Welt wegnimmt".

Wenn du Jesus angenommen hast, dann ist deine Schuld getilgt. Weg! Vergangenheit! Der Schuldschein ist zerrissen und du hast wieder direkten Zugang zu Gott. Dann bist du ein Kind Gottes, so sagt es die Bibel, mit allen Rechten und Pflichten. Gott ist dein Vater. Er wird dir sein Reich vererben. Kannst du dir das vorstellen? Der Himmel ist dann dein rechtmäßiges Erbe. Du bist dort zuhause! Denke einmal intensiv darüber nach, was das bedeutet und welche Konsequenzen das für dich mit sich bringt.

„Ohne Blutvergießen geschieht keine Vergebung". Wir sind immer noch beim Kreuzestod Jesu. Es war kein Zufall, dass Jesus starb, es war kein Zufall, dass Jesus so starb, wie er starb. Es musste so geschehen, damit unsere Sünden vergeben werden können. Das war Gottes Plan. Aus Liebe, aus Barmherzigkeit für uns hat er seinen Sohn für uns so bitter leiden lassen, damit wir von der Sünde und vom Tod befreit sind.

Die Bibel geht aber noch weiter. Sie spricht davon, dass er – Jesus – unser Leid getragen hat *und unsere Krankheiten.* Doch das ist wiederum ein eigenes Thema, das häufig unter Christen kontrovers diskutiert wird. Tatsache ist, dass die Befreiung von der Sünde laut Bibel einhergeht auch mit Befreiung von Leid und Krankheit. Wer die Bibel genau studiert, der kann diese Tatsache nicht wegdiskutieren, wenn er unvoreingenommen in Gottes Wort eintaucht.

Heilungen sind nichts Mystisches, wie sie von Manchen dargestellt werden. Es sind nicht die Menschen, die heilen können, es ist einzig und allein Jesus, der auch heute noch auf heilende Weise durch sein Volk wirkt.

Jeder von uns hat von Gott Gaben erhalten, die wir schriftgemäß einsetzen sollen. Die Bibel spricht an mehreren Stellen davon. Dazu gehört auch die Gabe der Heilungen, die jeder wiedergeborene Christ mehr oder weniger in sich trägt. Jesus selbst hat geheilt und diese Gabe ist seitdem nie mehr aus unserer Welt gewichen. Wir sind der Leib Christi. Jesus selbst hat gesagt:

Joh. 14, 12
Wahrlich, wahrlich, ich sage euch: Wer an mich glaubt, der wird auch die Werke tun, die ich tue, und wird größere als diese tun, weil ich zum Vater gehe.

Wir können nicht zaubern, wenn wir das tun. Aus uns selbst heraus können wir gar nichts! Wir können uns einzig und allein Gott zur Verfügung zu stellen in der Weise, wie er es uns in seinem Wort sagt.

Die Bibel ist kein totes Buch, nach dem Motto „Es war einmal vor Tausenden von Jahren". Nein! Gott selbst sagt von sich, dass er derselbe ist, gestern, heute und in Ewigkeit. Gott war damals nicht anders, als er heute ist. Und er wird immer so bleiben. Er ist, wie er ist. „Ich bin der ich bin", stellt sich Gott Mose vor.

Zurück zum Kreuzestod. Vielleicht hast du den Film „Die Passion Christi" von Mel Gibson gesehen. Ein Film bei dem viele Christen butterweich wurden. Aber nicht nur die, auch Nichtchristen kamen ganz schön ins Grübeln. Mel Gibson hat für diesen Film gründlich recherchiert und versucht, die letzten Stunden von Jesus so wirklichkeitsgetreu wie nur möglich darzustellen.

Wie zerschunden war Jesus da! Das brutale Auspeitschen durch die römischen Soldaten hatte seinen Rücken in eine blutige Fleischmasse verwandelt. Das war im Film natürlich einerseits Hollywood-Effekthascherei, andererseits war es tatsächlich historisch korrekt, das lässt sich wissenschaftlich nachvollziehen. Jesu Gesicht war durch Schläge vorher bereits geschwollen und ebenfalls blutig. Und nun stell dir folgende Szenerie bildlich vor: Ein Kranz aus langen, nadelspitzen Dornen wird dir mit Gewalt auf den

Kopf gedrückt. So ein Kopf ist nur noch Wunde, sonst nichts mehr, das Blut spritzt überall herum.

Ärzte und Wissenschaftler haben nachvollzogen, was mit einem menschlichen Körper geschieht, wenn er so an ein Kreuz gehängt wird, wie das bei Jesus der Fall war. Ich möchte dir Einzelheiten ersparen, aber es ist grausam. Folter hoch drei, ein langer schmerzhafter Tod.

Du wirst dich jetzt vielleicht fragen, warum ich das so ausgiebig beschreibe. Das hat folgenden Grund. Die Propheten haben schon Hunderte von Jahren zuvor von Jesus gesprochen. Sie wussten natürlich nicht, dass der Messias Jesus heißen wird, aber sie haben bereits alles, was im Sinne der Erlösung kommen wird, recht präzise aufgeschrieben.

Der Prophet Jesaja hat etwa 800 Jahre vor Jesus gelebt. Er beschreibt den Messias folgendermaßen:

Jesaja 52, Vers 14:
Wie sich viele über dich entsetzt haben – so entstellt war sein Aussehen, mehr als das irgendeines Mannes, und seine Gestalt mehr als die der Menschenkinder.

Und weiter: Jesaja 53, ab Vers 2:
Er hatte keine Gestalt und keine Pracht. Und als wir ihn sahen, da hatte er kein Aussehen, dass wir Gefallen an ihm gefunden hätten. Er war verachtet und von den Menschen verlassen, ein Mann mit Schmerzen und mit Leiden vertraut, wie einer, vor dem man das

Gesicht verbirgt. Er war verachtet, und wir haben ihn nicht geachtet.

Das beschreibt, wie entstellt Jesus war. Aber lesen wir weiter. Jetzt kommt die Begründung, warum er sterben musste.

Vers 4 folgende:
Jedoch unsere Leiden – er hat sie getragen, und unsere Schmerzen – er hat sie auf sich geladen. Wir aber, wir hielten ihn für bestraft, von Gott geschlagen und niedergebeugt.

Und jetzt kommt's.

Doch er war durchbohrt um unserer Vergehen Willen, zerschlagen, um unserer Sünden willen. Die Strafe lag auf ihm zu unserem Frieden, und durch seine Striemen ist uns Heilung geworden. Wir alle irrten umher wie Schafe, wir wandten uns jeder auf seinen eigenen Weg; aber der HERR ließ ihn treffen unser aller Schuld. – Er wurde misshandelt, aber er beugte sich und tat seinen Mund nicht auf, wie ein Lamm, das zur Schlachtung geführt wird und wie ein Schaf, das stumm ist vor seinen Scherern; und er tat seinen Mund nicht auf.

Weiter unten, Vers 8:
Wegen des Vergehens seines Volkes hat ihn Strafe getroffen.

Noch weiter unten, Vers 12:

Er aber hat die Sünde vieler getragen und für die Ver-
brecher Fürbitte getan.

Er hat die Sünde vieler *getragen*. Nimm das mal wörtlich. Was bedeutet es, wenn er deine Sünde trägt?
Dazu ein Beispiel.
Stell dir eine alte, schwache Frau vor. Sie schleicht
die Straße entlang, beladen mit schweren Einkaufs-
tüten. Sie kann kaum aufrecht gehen, weil ihr die
Milchtüten und das Brot zu schwer sind. Jetzt
kommst du und sagst:
„Wissen Sie was, ich bin jung und kräftig, ich trag
Ihnen die Tüten nach Hause". Dann nimmst du ihr
die Tüten ab und die ganze Last dieses Einkaufes
liegt nun in deinen Händen. Diese Frau ist frei davon.
Sie geht völlig ohne Tüte ihres Weges dahin.
Genauso kannst du dir die Sünde vorstellen. Jesus
hat sie getragen, das sagt uns die Bibel! Die Konsequenz für dich daraus ist, du bist frei von dieser Last.
Was ein anderer trägt, das belastet dich nicht.
Es gibt noch einen Leckerbissen in der Bibel. Über
diesen Aspekt lesen sogar viele altgediente Christen
oft hinweg. Eine scheinbare Nebensächlichkeit, aber
die hat es in sich. Ich möchte nun ganz grob den
Tempel in Jerusalem beschreiben, damals zur Zeit
Jesu. Der Tempel war exakt nach Gottes Plänen ge-
baut. Bereits in der Wüste bei Mose gab es schon einen „Minitempel", das Zelt der Begegnung. Das war

im Grunde genauso aufgebaut wie der Tempel später in Jerusalem, nur in ganz anderen Dimensionen.

Ich nenne nur drei wesentliche Bestandteile. Der Vorhof, das Heilige und das Allerheiligste. Grob gesagt, im Vorhof hielt sich das Volk auf. Hier wurde auch geopfert. Im Heiligen verrichteten die Priester ihren Dienst und das Allerheiligste war die Wohnung Gottes. Hier war seine Gegenwart. Da hatten nicht einmal die Priester Zutritt. Nur einmal im Jahr durfte der Hohepriester dort hinein. Dort opferte er das Schlachtopfer, das die Sünde des ganzen Volkes bedecken sollte. Doch auch der Hohepriester durfte das Allerheiligste erst nach sehr aufwändigen Reinigungsritualen betreten, verschiedene Waschungen und Bäder und nachdem er bereits für sich selbst, für seine eigenen Sünden geopfert hatte.

In die Gegenwart Gottes durfte also nur eine völlig reine Person treten. Erst nach dieser Reinigung verschwand der Hohepriester hinter dem Vorhang, um seinen Dienst im Allerheiligsten zu verrichten. Ein riesiger, schwerer Vorhang trennte das Allerheiligste vom Heiligen. Das war der einzige Zugang dort hinein.

Mit diesem Wissen wollen wir nochmals den Kreuzestod Jesu näher unter die Lupe nehmen.

Lukas 23, 44 - 46:

Es war schon um die sechste Stunde - das war in Israel die Mittagszeit - *da kam eine Finsternis über das ganze Land bis zur neunten Stunde, da sich die Sonne verfinsterte.*

Und jetzt kommt's:

Der Vorhang des Tempels aber riss mitten entzwei. Und Jesus rief mit lauter Stimme und sprach: Vater, in deine Hände übergebe ich meinen Geist. Und als er dies gesagt hatte, verschied er.

Noch einmal: Der Vorhang des Tempels riss mitten entzwei. Wann? Direkt als Jesus stirbt. Was ist da passiert, ein eigenartiger Zufall? Nein! In dem Augenblick, als Jesus stirbt macht Gott den Zugang zu sich selbst frei. Jesus hat die Sünde für uns am Kreuz getragen. Mit seinem Tod sind wir frei davon. Wir haben durch diese Erlösung Jesu nun freien Zugang zu Gott. Der trennende Vorhang ins Allerheiligste wird nicht mehr gebraucht. Wir können uns immer und überall direkt an ihn wenden und er hört uns. Das ist durch den Tod und die Auferstehung Jesu passiert. Das gilt bis heute, für dich, mich und für jeden anderen Menschen, der Jesus als seinen Erlöser angenommen hat.

Wir können wieder direkt zu Gott gehen. Einfacher geht es nicht. Gott selbst hat die Tür zu sich geöffnet, durch das Blut Jesu.

Einbahnstraße - Es gibt nur einen Weg

Joh 14, 6:
„Ich bin der Weg, die Wahrheit und das Leben, niemand kommt zum Vater, als nur durch mich."

Diesen Satz sagt Jesus im Johannesevangelium, wohl wissend, was er da spricht. Die Juden wollen ihn dafür greifen und vors Gericht zu zerren. Sie wollten ihn töten. Es hat allerdings noch ein bisschen gedauert, bis sie es schließlich geschafft haben.
Die Bibel spricht davon, dass die Zeit noch nicht erfüllt war. Als es dann aber soweit war, als Jesus seine Aufgabe hier auf Erden zu Ende gebracht hatte, dann war es an der Zeit, dass er für uns geopfert wird. Er hat uns dadurch den Weg zu Gott frei gemacht. Jesus hat das immer wieder in Gleichnissen ausgedrückt.
In Johannes 10 bezeichnet sich Jesus als „die Tür". Das sagt im Grunde genau dasselbe aus. Er ist die Tür, durch die wir gehen müssen, um zu Gott zu kommen.
Er sagt auch: „Ich bin der gute Hirte". Wir sind die Schafe, die nicht wissen, wohin der Weg geht. Er, der Hirte, behütet uns und zeigt uns den Weg. Dieses Gleichnis taucht häufiger in der Bibel auf. Wer kennt nicht den Psalm 23? Ich habe ihn schon gekannt, lange bevor ich Christ geworden bin.

Der HERR ist mein Hirte, mir wird nichts mangeln. Er weidet mich auf grünen Auen und führet mich zum frischen Wasser. Er erquickt meine Seele. Er führt mich auf rechter Straße, um seines Namens willen. Und ob ich schon wanderte im finsteren Tal, fürchte ich kein Unglück; denn du bist bei mir, dein Stecken und Stab trösten mich. Du bereitest vor mir einen Tisch im Angesicht meiner Feinde. Du salbest mein Haupt mit Öl und schenkest mir voll ein. Gutes und Barmherzigkeit werden mir folgen mein Leben lang, und ich werde bleiben im Hause des HERRN immerdar. (Luther Übersetzung)

Dieser Hirte ist Jesus! Wenn du nicht mehr weißt, wo es lang geht, wenn du dich verrannt hast auf der Straße deines Lebens, er weiß, wo es weiter geht. Der Hirte weiß immer wo die Herde hinwandert, auch wenn die Schafe davon keine Ahnung haben.

Dieser Vergleich, den Jesus hier anwendet, ist äußerst treffend. Denn wenn du total verzweifelt bist, dann schau auf Jesus. „Dein Stecken und Stab trösten mich", steht in diesem Psalm.

Es ist ein Phänomen mit uns Menschen. Jeder lebt sein Leben, wie er meint es leben zu müssen. Solange es halbwegs glatt geht, vertraut der Mensch nur auf sich selbst. Aber genau die Leute, die jahrelang von Gott nichts wissen wollen, was machen sie, wenn ihr Leben außer Rand und Band gerät, wenn plötzlich alles in sich zusammenstürzt und sie selbst völlig verzweifelt sind? Sie beten! Sie glauben nicht an Gott, aber sie fangen an zu beten. Das hört sich absurd an, aber es ist ein häufig beobachtetes Phänomen in extremen Lebenskrisen: „Lieber Gott, wenn es dich gibt, ...“

Weißt du, was das Schöne dabei ist? Ein Gebet von Herzen gesprochen hört Gott! Dabei ist es völlig egal, ob du an ihn glaubst, oder nicht. Gott hört es! Und er reagiert drauf. Probiere es einfach aus. Vielleicht kommt Gott aus einer Richtung, die du gar nicht vermutet hättest, aber er wird auf dein Gebet hören.

Noch ein heikles Thema und ich will auch niemandem zu nahetreten, aber es gibt große Kirchen, dort heißt es – zum Beispiel – „Heiliger Josef, bitte für uns“, oder „Heilige Mutter Maria, sei mir Sünder gnädig“. Wie gesagt, ich will niemandem zu nahetreten, aber warum sollte ich einen heiligen Josef, Florian oder Christophorus bitten, dass *die* für mich zu Gott gehen? Warum sollte ich denn die Mutter von Jesus bitten, mir gnädig zu sein? Maria war sicherlich eine ganz außergewöhnliche, Gott wohlgefällige Frau, denn sonst hätte Gott sie bestimmt nicht ausgewählt, um den Messias zur Welt zu bringen.

Aber Jesus hat sich selbst für mich hingegeben, damit ich direkten Zugang zu Gott, dem Vater habe. ER ist der Weg, wie er selbst gesagt hat. Also gehe ich doch genau diesen Weg, und zwar direkt! Das ist der einzige Weg, den uns die Bibel nennt. Einen anderen, indirekten Weg kann ich in der Bibel nicht finden!

Ein Vergleich: Wenn mir jemand sagt, beim Gasthof Huber in Hintertupfingen gibt es die besten Schnitzel weit und breit, dann habe ich im Grunde nur zwei

Möglichkeiten, ich glaube es oder ich glaube es nicht. Aber wirklich beurteilen kann ich es nur, wenn ich selbst nach Hintertupfingen fahre und die Huberschnitzel probiere.

Mit Gott ist es im Grunde ähnlich. Du kannst jederzeit sagen:

„So ein Blödsinn, ich glaube nicht, dass es Gott gibt. Ich glaube auch nicht, dass Jesus durch sein Blut den Weg zu Gott für mich frei gemacht hat".

Aber wirklich beurteilen kannst du es erst dann, wenn du es ehrlichen Herzens und vorurteilsfrei selbst ausprobiert hast. Gott hat durch den Propheten Jesaja gesagt:

Jesaja 65, 1:
Ich ließ mich finden von denen, die mich nicht suchten, und erschien denen, die nicht nach mir fragten.

Also, du musst gar nicht an Gott glauben, aber du könntest es wenigstens ausprobieren, denn nur dann hast du die Gewissheit, ob dein Nicht-Glaube denn tatsächlich stimmt. Rufe zu ihm, ehrlichen Herzens, und warte dann ein bisschen ab. Aber Vorsicht, es könnte sein, dass Gott dir plötzlich antwortet!

Ich kenne jemanden persönlich, der wurde auf diese Weise von heute auf morgen von seiner langjährigen Drogensucht befreit. Er war damals ungläubig. Das ist inzwischen Jahrzehnte her und du kannst dir vorstellen, dass dieser Mann heute an Gott und Jesus felsenfest glaubt. Aber nicht nur das, er predigt anderen Gottes Wort, denn er hat am eigenen Leib verspürt, wie intensiv Gott auch heute noch wirkt.

Zurück zu Jesus. Der sagt von sich, dass er der Weg zu Gott dem Vater sei. Wie geht so etwas und vor allem was heißt es eigentlich, „Jesus ist der Weg"? Jesus hat seinen Part schon vor über 2000 Jahren erledigt. Er starb am Kreuz, er hat sich für uns alle geopfert und damit die Sünde der Menschen mit ans Kreuz genommen. Darüber haben wir bereits ausführlich gesprochen. Wir haben durch ihn freien Zugang zu Gott, dem Vater.

Der Weg ist frei, aber ... ob du diesen Weg zu Gott gehst oder nicht, das entscheidest du ganz allein. Wenn du dich noch nicht für ihn entscheiden konntest, dann fahre deine Antennen aus, lass Gott in deinem Leben wirken und warte ab. Kommst du irgendwann zu dem Schluss, „es ist so weit, jetzt kann ich glauben", dann wirst du ziemlich schnell an den Punkt gelangen, an dem du danach brennst, ein Kind Gottes werden zu dürfen. Das ist der Zeitpunkt, dann geh deinen Weg mit Gott – durch Jesus, gemäß Römerbrief 10, 8 – 10:

Dies ist das Wort des Glaubens, das wir predigen. Denn wenn du mit deinem Munde bekennst, dass Jesus der Herr ist, und in deinem Herzen glaubst, dass ihn Gott von den Toten auferweckt hat, so wirst du gerettet. Denn wenn man von Herzen glaubt, so wird man gerecht; und wenn man mit dem Munde bekennt, so wird man gerettet.

Zuerst kommt der Glaube! Was musst du glauben? „… dass Gott ihn – Jesus – von den Toten auferweckt hat." Jesus hat gelebt, gepredigt und wurde ans Kreuz genagelt. Er hat unsere Sünde mit ans Kreuz genommen, für immer und alle Zeit. Nach drei Tagen hat Gott ihn von den Toten auferweckt. Er lebt also wieder, und sitzt – laut Bibel – zur Rechten Gottes.

Es wäre ja auch blöd, sich an jemanden zu wenden, der nicht mehr lebt. „Jesus lebt"! Diesen Spruch hast du vielleicht schon einmal gehört. Jetzt weißt du, was damit gemeint ist. Und wenn du das glauben kannst, dann ist der Rest völlig easy. Vielen ist das zu einfach. Du brauchst dich nur noch an Gott, an Jesus wenden und ihm – betender Weise - mitteilen, dass Jesus dein Herr sein soll. Dass er quasi dein Hirte sein darf, der dich auf dem oft dunklen Weg deines Lebens führen soll.

Sag es ihm, ganz einfach und ohne Brimbamborium. Wenn du das getan hast, dann bist du bei Gott, dann ist der Himmel dein Zuhause, dann brauchst du nicht mehr zu hoffen, ob du – vielleicht – in den Himmel kommst, oder vielleicht doch nicht. Dann bist du bereits dort.

Gott ist dein Vater, er wohnt im Himmel und wenn du irgendwann von dieser Erde gehen musst, dann gehst du zum Vater. Auch das sagt uns die Bibel. Und da dein Vater, Gott, im Himmel wohnt, wirst du zwangsweise auch dahin kommen. Irgendwie logisch, oder?

Schauen wir nochmals auf den bereits gelesenen Vers in Römer 10. Gottes Wort wird oft übermäßig kompliziert dargestellt, dabei ist es im Grunde recht einfach. Wenn du also mit deinem Herzen an das glaubst, was Jesus für dich getan hat und ihn zum Herrn in deinem Leben gemacht hast, dann bist du „gerecht", wie sich die Bibel ausdrückt.

Damit ist nicht das gerecht gemeint, das wir in unserem allgemeinen Sprachgebrauch benutzen. Das biblische „Gerecht sein", heißt ganz einfach, dass du ein Kind Gottes bist, dass du den Weg zu Gott gegangen bist durch Jesus Christus. Du stehst als Gerechter frei und sündlos vor Gott.

Den Unterschied deines Zustandes vor Gott, bevor du gerecht wurdest und danach beschreibt die Bibel im 1. Korintherbrief 6, 7 – 11:

... wisst ihr nicht, dass Ungerechte das Reich Gottes nicht erben werden? Irrt euch nicht! Weder Unzüchtige noch Götzendiener noch Ehebrecher noch Lustknaben noch Knabenschänder noch Diebe noch Habsüchtige noch Trunkenbolde noch Lästerer noch Räuber werden das Reich Gottes erben.

Du brauchst nun nicht in Panik auszubrechen, wenn du dich selbst in einem dieser aufgezählten Dinge wiederfindest. Wenn du gläubig geworden bist und Jesus dein Herr ist, dann zählt das zur Vergangenheit, zumindest im geistlichen Sinne. Das war dein alter Mensch. Dein neuer ist nun gerecht vor Gott.

Weiter ab Vers 11:
Und das sind manche von euch gewesen (also Dieb, Habsüchtiger, usw.)*; aber ihr seid abgewaschen, aber ihr seid geheiligt, aber ihr seid gerechtfertigt worden durch den Namen des Herrn Jesus Christus und durch den Geist unseres Gottes.*

Das Blut Jesu hat dich gereinigt, wenn du ihn angenommen hast. Jesus ist der Weg, die Wahrheit und das Leben, wie wir es bereits im Johannes 14, Vers 6 gelesen haben. Wie gesagt, egal was du gewesen bist bevor du Jesus angenommen hast, du bist nun abgewaschen durch das Blut Jesu und dadurch – biblisch gesehen – gerecht vor Gott und hast somit ewiges Leben erlangt, was nichts anderes bedeutet, als dass du in Ewigkeit im Himmel bei Gott sein wirst. Diesen Wandel vom ungerechten zum gerechten Menschen drückt der 2. Korintherbrief recht simpel, aber sehr klar aus.

2. Korintherbrief 5, Vers 17:
Daher, wenn jemand in Christus ist, so ist er eine neue Schöpfung; das Alte ist vergangen, siehe, Neues ist geworden.

Eine andere Bibelübersetzung sagt sogar: „*... alles ist neu geworden*". Nicht äußerlich, aber dein innerer Mensch ist neu. Das ist dein Geist. Und nur dein Geist ist fähig mit Gott zu kommunizieren. Vergiss die äußere Hülle außen herum. Die wird irgendwann sterben, begraben werden und vergehen. Aber dein Geist, dein eigentliches Ich, lebt ewig und ist neu geworden durch Christus.

2. Kor 5, 21
Den, der Sünde nicht kannte, hat er - Gott - für uns zur Sünde gemacht, damit wir Gottes Gerechtigkeit würden in ihm.

Jesus ist Gottes Sohn, also Gott selbst, und dieser Gott wurde Mensch als er auf die Erde kam, ein Mensch aus Fleisch und Blut. Dadurch ist Jesus beides: Er ist 100% Gott, aber auch 100% Mensch. So kam er in diese Welt und hat seinen Auftrag, sein Opfer, für uns vollbracht.

Mit diesem Wissen können wir uns an den Anfang des Johannesevangeliums wagen. Das ist sehr poetisch geschrieben, für manche recht geschwollen, und wer es nicht näher betrachtet, der liest ganz schnell über zentrale Botschaften der Bibel hinweg.

Die ersten 18 Verse des Johannesevangeliums:
1 Im Anfang war das Wort, und das Wort war bei Gott, und das Wort war Gott. 2 Dieses war im Anfang bei Gott. 3 Alles wurde durch dasselbe, und ohne dasselbe wurde auch nicht eines, das geworden ist. 4 In ihm war Leben, und das Leben war das Licht der Menschen. 5 Und das Licht scheint in der Finsternis, und die Finsternis hat es nicht erfasst. 6 Da war ein Mensch, von Gott gesandt, sein Name: Johannes. 7 Dieser kam zum Zeugnis, dass er zeugte von dem

Licht, damit alle durch ihn glaubten. 8 Er war nicht das Licht, sondern er kam, dass er zeugte von dem Licht. 9 Das war das wahrhaftige Licht, das, in die Welt kommend, jeden Menschen erleuchtet. 10 Er war in der Welt, und die Welt wurde durch ihn, und die Welt kannte ihn nicht. 11 Er kam in das Seine, und die Seinen nahmen ihn nicht an; 12 so viele ihn aber aufnahmen, denen gab er das Recht, Kinder Gottes zu werden, denen, die an seinen Namen glauben; 13 die nicht aus Geblüt, auch nicht aus dem Willen des Fleisches, auch nicht aus dem Willen des Mannes, sondern aus Gott geboren sind. 14 Und das Wort wurde Fleisch und wohnte unter uns, und wir haben seine Herrlichkeit angeschaut, eine Herrlichkeit als eines Eingeborenen vom Vater, voller Gnade und Wahrheit. 15 Johannes zeugt von ihm und rief und sprach: Dieser war es, von dem ich sagte: Der nach mir kommt, ist vor mir geworden, denn er war eher als ich. 16 Denn aus seiner Fülle haben wir alle empfangen, und zwar Gnade um Gnade. 17 Denn das Gesetz wurde durch Mose gegeben; die Gnade und die Wahrheit ist durch Jesus Christus geworden. 18 Niemand hat Gott jemals gesehen; der eingeborene Sohn, der in des Vaters Schoß ist, der hat ihn kundgemacht.

Das ist im Grunde eine komprimierte Version des ganzen Evangeliums. Es erklärt, wer Jesus ist und was er für uns getan hat

*Im Anfang war das Wort, und das Wort war bei Gott,
und das Wort war Gott.*

Im Urtext steht hier das griechische Wort „Logos".
Das bedeutet weit mehr als das, was wir allgemein
unter „Wort" verstehen. Es bedeutet unter anderem
auch *Sprache, Rede, Beweis, Lehrsatz, Lehre, Sinn,
Vernunft* und noch einiges mehr. Dieses Logos ist bereits ganz am Anfang der Bibel erwähnt. Die Bibel beginnt im 1. Buch Mose mit den Worten:

*Im Anfang schuf Gott den Himmel und die Erde. Und
die Erde ward wüst und leer, und Finsternis war über
der Tiefe; und der Geist Gottes schwebte über dem
Wasser. Und Gott sprach: Es werde Licht! Und es
wurde Licht.*

Gott hat die Welt sprechend geschaffen, durch sein
Wort – „Logos".

Vers 6: *Und Gott sprach: Es werde eine Wölbung mitten im Wasser.*
Vers 9: *Und Gott sprach: Es soll sich das Wasser unterhalb des Himmels an einen Ort sammeln.*
Vers 11: *Die Erde lasse Gras hervorsprossen.*

Und so weiter, und so weiter. Was immer Gott hervor
bringt, er tut es, indem er es zuerst ausspricht. Alles
was wir wissen müssen hat Gott uns durch sein Wort
gegeben, manifestiert in der Bibel. Er selbst bindet
sich an sein Wort. Auf dieses Wort können wir ihn

bedingungslos festnageln. Er steht dazu! Er identifiziert sich mit seinem Wort so sehr, dass er eins mit ihm ist. Vers 2 im Johannesevangelium:

Dieses (Logos) *war im Anfang bei Gott. Alles wurde durch dasselbe, und ohne dasselbe wurde auch nicht eines, das geworden ist.*

Gott spricht und die Welt entsteht durch das Reden Gottes, durch das Logos. Jesus hat übrigens genauso gehandelt. Was immer er getan hat, er hat gesprochen: Zu dem Feigenbaum, der verdorrt ist, zu den Dämonen, die ausfahren mussten, zu den Krankheiten, die er geheilt hat, und, und, und. Gott, Jesus identifiziert sich mit seinem Wort, seinem Logos. Dieses Logos führt schließlich zu dem Leben, zum ewigen Leben in Gott.

Verse 4 - 5:
In ihm war Leben, und das Leben war das Licht der Menschen. Und das Licht scheint in der Finsternis, und die Finsternis hat es nicht erfasst.

Gott ist Licht und Satan und alles was zu ihm gehört ist die Finsternis. Wir leben in einer sündigen Welt, in der Satan regiert. Wir leben in der Finsternis. Das kannst du auch im übertragenen Sinne verstehen: In der Finsternis sind wir unfähig zu sehen. Was bedeutet das geistlich? Der Mensch kann zunächst einmal die Dinge Gottes nicht erfassen, es sei denn, ihm „geht ein Licht auf".

Dieser Spruch stammt ebenfalls aus der Bibel und meint ursprünglich die Fähigkeit, die Wahrheit zu erkennen, die in Gott ist. Jesus ist das Licht, das in diese Finsternis kommt. Er wird als Mensch hineingeboren in unsere Welt, in diese Finsternis. Sein Licht scheint in der Finsternis dieser Welt, aber – die Finsternis, das Irdische, wir, haben Jesus nicht erfasst. Wir erkennen seine wahre, göttliche Herkunft nicht.

Das ist der Grund, warum so viele Menschen nicht glauben können. Sie schauen nur auf das Fleisch und erkennen den Geist nicht, der wiederum allein fähig ist, Gott zu finden. Um Gott zu finden, quasi sein Licht zu erkennen, musst du wiedergeboren sein, geistlich wiedergeboren. Das hatten wir vorhin.

Verse 6 und 7:
Da war ein Mensch, von Gott gesandt, sein Name: Johannes. Dieser kam zum Zeugnis, dass er zeugte von dem Licht, damit alle durch ihn glaubten.

Die Geschichte von Johannes dem Täufer kennen die meisten. Er hat von Gott den Auftrag, das Volk auf den Messias vorzubereiten, der nun bald auftreten wird. Am Jordan tauft er die Menschen. Johannes hatte bis dahin keine Ahnung, dass dieser Messias Jesus ist. Als er ihn allerdings sieht, erkennt er den Messias.

Johannes 1, 29:
Am nächsten Tag sieht Johannes, dass Jesus zu ihm kommt, und spricht: Siehe, das ist Gottes Lamm, das der Welt Sünde trägt!

Johannes weiß nun Bescheid. Er bezeichnet Jesus als das Lamm Gottes, das die Sünde der Welt trägt. Genau das ist drei Jahre später eingetroffen. Manche Juden dachten damals, dass Johannes der Messias ist, weil er am Jordan getauft hat.

Darum Vers 8:
Er war nicht das Licht, sondern er kam, dass er zeugte von dem Licht.

Johannes' Auftrag von Gott bestand einzig und allein darin, auf das unmittelbar bevorstehende Kommen des Messias hinzuweisen und die Menschen darauf vorzubereiten.
Dann bezieht sich das Evangelium wieder auf Jesus ab Vers 9 und zeigt dessen wahre Identität.

Verse 9 bis 11:
Das war das wahrhaftige Licht, das, in die Welt kommend, jeden Menschen erleuchtet. Er war in der Welt, und die Welt wurde durch ihn, und die Welt kannte ihn nicht. Er kam in das Seine, und die Seinen nahmen ihn nicht an;

Jesus war das Licht, das uns Menschen, die wir in der Finsternis dieser Welt leben, erleuchtet. Jesus, Gottes Sohn, im Fleisch gekommen, war hier als Mensch. *„... und die Welt wurde durch ihn ..."*, sagt Vers 10. Das zeugt von der Göttlichkeit Jesu, denn er war bereits von Anfang der Schöpfung an da, als Gott die Himmel und Erde geschaffen hat.

Jetzt war Jesus hier auf Erden, aber die Welt kannte ihn nicht, sie hat ihn nicht angenommen. Er kam in das Seine, immerhin hatte er bereits bei der Schöpfung mitgewirkt. Aber die Seinen wollten ihn nicht haben, zumindest nicht alle.

Vers 12:
... so viele ihn aber aufnahmen, denen gab er das Recht, Kinder Gottes zu werden, denen, die an seinen Namen glauben;

Genau das ist die geistliche Wiedergeburt. Der Mensch, der Jesus annimmt bekommt das Recht, Kind Gottes zu werden. Gemeint ist, wer erkennt und glaubt, dass Jesus für uns am Kreuz gestorben ist, als der Messias, der unsere Sünde weggenommen hat, und ihn zum Herrn in seinem Leben macht, so wie wir es bereits gehört haben:

Wenn du mit dem Munde bekennst, dass Jesus der Herr ist und mit dem Herzen glaubst, dass er von den Toten auferstanden ist, dann bist du gerettet. Dann bist du der Herrschaft des Teufels, der diese stoffliche

Welt regiert, entronnen und ein Kind Gottes. Ab diesem Zeitpunkt gelten für dich die Regeln des Himmels und Satan hat kein Anrecht mehr auf dich.

Er wird es versuchen, aber er hat kein Anrecht mehr auf dich. Denn dann stehst du unter dem Schutz des Allerhöchsten, unter Gottes Schutz. Dein Vater - Gott höchstpersönlich – wird auf dich achtgeben.

Vers 13
… die nicht aus Geblüt, auch nicht aus dem Willen des Fleisches, auch nicht aus dem Willen des Mannes, sondern aus Gott geboren sind.

Da nutzt dir deine irdische Herkunft nichts, da nutzt es auch nichts, ob du aus dem Willen deiner Eltern gezeugt worden bist, da gilt einzig und allein, dass du aus Gott geboren bist. Das ist diese geistliche Wiedergeburt, wenn du Jesus in dein Leben aufnimmst.

Vers 14:
Und das Wort wurde Fleisch und wohnte unter uns, und wir haben seine Herrlichkeit angeschaut, eine Herrlichkeit als eines Eingeborenen vom Vater, voller Gnade und Wahrheit.

Hier wird nochmals eindringlich darauf hingewiesen, dass Jesus als ganz normaler Mensch in diese Welt hineingeboren wurde. „Wir haben seine Herrlichkeit angeschaut", schreibt der Evangelist Johannes, nicht zu verwechseln mit dem Täufer Johannes!

Der Evangelist war ein Jünger von Jesus. Er hat ihn mehrere Jahre lang begleitet und sehr nahe gekannt. Er hat alle Ereignisse, die uns die Evangelien berichten, selbst miterlebt. Wenn hier steht „eine Herrlichkeit als eines Eingeborenen vom Vater", so hat das nichts mit einem Eingeborenenstamm im Urwald zu tun. Dieses Wort „eingeboren" wäre in heutigem Deutsch besser mit „hineingeboren" übersetzt, in unsere Welt hineingeboren.

Im Vers 15 zitiert der Schreiber des Evangeliums Johannes den Täufer und diese Worte finde ich besonders interessant. Johannes hatte gesagt:

„Dieser war es, von dem ich sagte – jetzt kommt's – *Der nach mir kommt, ist vor mir geworden, denn er war eher als ich."*

Jesus war vom Alter her einige Monate jünger als Johannes der Täufer. Also konnte Johannes sich kaum auf die irdische Geburt beziehen. Nein, er deutete damit dieses schon immer existierende göttliche Wesen an, das Jesus ursprünglich ist.

Und auf den Vers 18 läuft im Grunde alles hinaus:
Niemand hat Gott jemals gesehen; der eingeborene Sohn, der in des Vaters Schoß ist, der hat ihn kundgemacht."

Kein menschliches Auge hat Gott jemals sehen dürfen. Aber, wie hat Jesus von sich selbst gesprochen? – „Niemand kommt zum Vater, als nur durch mich".

Was schreibt Vers 18? „*... der eingeborene Sohn* – also Jesus – *der in des Vaters Schoß ist, der hat ihn* – Gott – *kundgemacht.*"

„Der in des Vaters Schoß ist", das ist eine poetische, uralte Ausdrucksform. Sie sagt nichts anderes aus, als dass Jesus und Gott Vater schon immer eins waren und sind. Genau dieser Sohn hat uns Gott kundgemacht. Durch ihn haben wir freien Zugang zu Gott, durch ihn sind wir Kinder Gottes geworden, durch ihn sind wir der Finsternis dieser Welt entronnen. Jesus macht uns frei. Dich, mich, jeden! Jeden, der es bewusst annimmt. Es liegt nur an uns selbst!

Christ geworden, wie geht es weiter?

Wenn du das Büchlein bis hierher aufmerksam gelesen hast, dann verstehst du nun vielleicht, was Christsein tatsächlich bedeutet und hast das wahre Ausmaß dessen erkannt, was Jesus für uns errungen hat. Vielleicht hast du Jesus inzwischen in dein Herz aufgenommen und bist selbst ein Kind Gottes geworden. Es bleibt die Frage, wie geht es jetzt weiter in deinem Leben? Was machst du, um deinen Glauben aktiv zu leben? Oder möchtest du an Jesus glauben, aber deinen alten Stiefel ungebremst weiterleben? Nein, keine Sorge, ich bringe jetzt keine Moralpredigt. Die meisten denken, dass ein Christ dies nicht darf und jenes verboten ist, dass es nun ein langweiliges Leben werden könnte.

Ich kann dich beruhigen, von Langeweile keine Spur! Anders eben, erfüllter, fröhlicher, sorgenfreier. Das heißt nicht, dass der kalte Wind der Sorgen dir nicht um die Ohren pfeift. Im Gegenteil, der bläst kräftig, aber du kommst anders damit zurecht, denn du stehst nicht mehr allein damit da, es gibt jemanden, der dich durch alle Lebenslagen trägt.

Das ist nicht die Mama, nicht die Freundin oder Frau – die vielleicht auch – aber sind wir mal ehrlich, wenn es hart auf hart kommt, dann müssen wir mit unserem Kummer meist selbst klarkommen und zum Teil die anderen Betroffenen auch noch beruhigen.

Bei Gott ist das anders. Er hat immer ein offenes Ohr für dich, ohne selbst dabei auszuflippen. Wenn du dich lange genug ausgeweint hast und zwischendrin vielleicht mal auf Gott schaust, dann merkst du vielleicht, wie dich Gott dich in deiner Verzweiflung zu besänftigen vermag und dich zur Ruhe bringt. Aber wie kommst du dahin?

Jetzt wird es praktisch. Es ist eigentlich simpel. Im Grunde könnten wir dieses Kapitel hier fast schon wieder beenden. Die Antwort heißt schlicht und ergreifend: Du brauchst nur zu beten. Sprich mit Gott! Keine Sorge, das Kapitel ist natürlich noch lange nicht am Ende, es fängt hier im Grunde erst an. Wie lernt ein Kind beten? - „Ich bin klein, mein Herz ist rein, soll niemand drin wohnen, als Jesus allein." Mal ganz ehrlich, wenn ein Freund zu dir käme und dich mit auswendig gelernten Versen ansprechen würde, dann würdest du ihn wahrscheinlich mit tellergroßen Augen angucken und ihn fragen, ob er noch in Ordnung ist.

Wie unterhältst du dich denn mit Menschen? Du sprichst ganz normal mit ihnen, nehme ich an. Gebet ist Reden mit Gott. Ja, dann rede halt mit Gott, aber trag ihm kein Gedicht vor!

Das Schöne dabei ist, Gott ist immer da, egal wo du dich gerade aufhältst. Im Auto, im Bett, auf dem Klo ... Gott durchdringt die ganze Schöpfung. Es ist egal wo du gerade bist, er ist immer da und du kannst jederzeit mit ihm sprechen. Er wünscht sich sehnlichst Kommunikation mit dir.

Wenn du in der Arbeit bist und dein Chef meint, er müsse dich grundlos niederbügeln, dann kannst du still mit Gott sprechen, noch während du diese Schimpfattacke über dich ergehen lassen musst.

„Ach Herr," könntest du dann still zu Gott sagen, „hör dir an, wie der – also der Chef – wieder loslegt. Was mache ich denn, dass er sich beruhigt und endlich hinhört, wie die Sache wirklich war?"

Das ist Reden mit Gott, das ist Gebet. Es dauert in diesem Fall gerade mal fünf Sekunden. Da gibt das alt bekannte Motto der Benediktiner absolut Sinn: Ora et labora, bete und arbeite. Das heißt nicht, dass du den ganzen langen Tag ununterbrochen vor dich hinmurmeln sollst, sondern einfach mit Gott redest, wenn es dran ist.

Wie zum Beispiel läuft eine längere Autofahrt mit einem guten Freund ab? - Eine Zeit lang werdet ihr euch angeregt unterhalten, irgendwann vielleicht nur kurz ein paar Worte wechseln, dann wiederum verharrt ihr in Zeiten völligen Schweigens.

Genauso kannst du auch mit Gott reden, mal angeregt, mal nur mit kurzem Austausch und dann wieder eine Zeit lang gar nicht. Wie im richtigen Leben!

Wie oft begegne ich Christen, die es hervorragend verstehen, Gebet und den Rest ihres Alltags fein säuberlich zu trennen. Sie beten im Gottesdienst, sie beten kurz vor dem Einschlafen und manche noch vor dem Essen. Das war's aber auch! Dann wundern sie sich schließlich, wenn sie keine Ahnung haben, was Gott mit ihnen vorhat.

Dieses Phänomen finden wir oft auch in Ehen. Wenn Paare sich nicht ständig austauschen, dann können sie auch nicht wissen, was in der Familie tatsächlich vor sich geht.

Essen gehen in einem Restaurant finde ich immer wieder spannend. Wer dort ein bisschen seine Umgebung beobachtet, der findet im Grunde stets die gleichen Verhaltensmuster an den Tischen.

An dem einen Tisch wird geredet und gesprochen, da tauschen sich die Gäste aus, sie haben sich was zu erzählen. Am anderen Tisch sitzt ein Paar, die fragen sich gerade noch gegenseitig: „Was nimmst du denn?“, und im Laufe des Essens fragt der eine den anderen, ob er mal den Salzstreuer herüberreichen kann. Ansonsten verharren sie weitgehend in Schweigen.

Bei Christen geht es ähnlich zu. Die einen haben mit Gott einen Mordsspaß und die anderen quetschen gerade mal sonntags ein paar steife Worte heraus und meinen, sie hätten gebetet.

Hey, Gott liebt dich. Er will dich in seiner Nähe haben! Nähe heißt miteinander und nicht nebeneinander. „Alle Sorgen werft auf ihn,“ sagt die Bibel. Und was machen wir? Wir meinen, wir müssten alles selbst in den Griff bekommen.

Nein! Wirf doch deine Probleme auf ihn, so wie Gottes Wort uns auffordert und dann lass los. Rede, schreie, weine, rufe, wie dir gerade zu Mute ist, so kannst du zu Gott kommen. Nur, du musst es halt tun! Auch du, der du noch nicht glaubst, auch du kannst zu Gott schreien. Er wird abtworten!

Philipper 4, 6:

Sorgt euch um nichts, sondern in allen Dingen lasst eure Bitten in Gebet und Flehen mit Danksagung vor Gott kundwerden!

Das sagt uns die Bibel! Wir müssen es nur tun. „In *allen* Dingen", steht da. Mit großen Sachen, mit kleinen Sachen, mit scheinbaren Nebensächlichkeiten, ja sogar mit Banalitäten. „In allen Dingen lasst eure Bitten in Gebet und Flehen ...". Da kannst du auch emotional werden.

Wenn du verzweifelt bist, dann trete verzweifelt vor Gott. Du brauchst nicht den starken Helden markieren. Wenn du gerade im siebten Himmel schwebst, dann trete in deiner überschwänglichen Freude vor ihn. Gott freut sich mit dir!

Gebet ist so wichtig! Es ist das Salz in deiner Beziehung zu Gott. Wer meint, Gott sei ein langweiliger alter Herr, der irgendwo dort oben thront, der ist noch nie wirklich auf Gott zugegangen.

Jakobus 4, 8:

Naht euch Gott, so naht er sich euch.

Römer 12, 12:

Seid fröhlich in Hoffnung, geduldig in Trübsal, beharrlich im Gebet.

Das ist eine eindeutige Aussage: Wenn es dir gut geht, dann freue dich, wenn es dir schlecht geht, dann halte durch, aber wie dem auch sei, bleibe dran an Gott und rede mit ihm. Er weiß doch besser was gerade dran ist als du.

„Jedes einzelne Haar auf deinem Kopf ist gezählt", sagt die Bibel. Weißt du, wie viel Haare du auf dem Kopf hast? Ich weiß es nicht, aber Gott weiß es. Es ist so wichtig, dass du täglich mit Gott sprichst. Du kannst für verschiedene Dinge in deinem Leben beten, für andere Menschen, für Situationen, du kannst oder solltest auch Gott danken.

„… in allen Dingen lasst eure Bitten in Gebet und Flehen *mit Danksagung* vor Gott kundwerden!"

Wie oft habe ich unangenehme Dinge durchlebt, so richtigen Mist, und damit bin ich vor Gott getreten und habe gejammert, was das jetzt wieder soll, als hätte ich nicht schon genug andere Sch... an der Backe. Ich konnte es absolut nicht verstehen. Wochen, Monate, oft viele Jahre später allerdings hat sich das Blatt gewendet und ich war froh, dass es gerade so gekommen war. Gott schaut auf uns aus einer ganz anderen Perspektive, die auch Tod und Krankheit überwindet.

Also sei sparsam mit deinem Murren. Gott weiß, was für dich am besten ist. Du kannst ihn auch festnageln mit seinem eigenen Wort: „Herr, in deinem Wort steht, dass ..." Er steht immer zu seinem Wort, immer! Also kannst du ihn darauf hinweisen. „Es steht geschrieben ...". Genauso hat es Jesus gemacht. Er hat immer wieder aus den alten Schriften zitiert. Er den Willen des Vaters gekannt, entsprechend gebetet und auch gehandelt.

Damit sind wir beim zweiten wichtigen Tool im Leben eines Christen: In einer lebendigen Beziehung zu Gott ist es dringend nötig, sein Wort zu kennen. Wie willst du ihm denn sein eigenes Wort zitieren, wenn du gar nicht weißt, was drinsteht? Dasselbe gilt für deinen Umgang mit Satan. Der hat einen Mordsschiss vor Gott und seinem Wort. Was glaubst du wie der springt, wenn du ihm Gottes Wort um die Ohren haust. So schnell hast du schon lange niemanden mehr flitzen sehen. Dabei ist es doch genau dieser Satan, wegen dem du hier in dieser dunklen Welt sitzen musst, anstatt direkt in der Herrlichkeit Gottes zu sein.

Der Teufel lügt, betrügt und versucht dich mit allen Mitteln von Gott fern zu halten. Logisch, denn er will dich ausbremsen. Also sät er Zweifel und Verzweiflung. Aber Tausende von Christen können bestätigen, dass Satan flieht, wenn wir ihm Gottes Wort hinschmettern. Zumindest verlässt er dich dann eine Zeit lang. Ohne Gottes Wort bist du ihm hilflos ausgeliefert. Darum geht als Christ kein Weg daran vorbei, als Gottes Wort zu kennen.

Joh 8, 47:
Wer von Gott ist, der hört Gottes Worte.

Lk 11, 28:
Selig sind, die das Wort Gottes hören und bewahren.

Nochmals: Zwei Dinge sind Eckpfeiler im Leben eines gläubig gewordenen Christen. Erstens Gebet. Ora et labora, sagen die Benediktiner – bete und arbeite - und sie treffen damit genau ins Schwarze. Aber dieser Spruch geht noch weiter: *Ora et labora et lege, Deus adest sine mora* („Bete und arbeite und lese, Gott hilft ohne Verzug"). „... und lese", sagen sie. Wir sind heutzutage in der glücklichen Lage, dass uns jedes Wissen quasi per Mausklick sofort zur Verfügung steht. Es gibt wohl kein Thema, das noch nicht in Buchform veröffentlicht worden ist.

Genauso ist es mit Gottes Wort. Die Bibel kannst du an jeder Straßenecke kaufen. Groß, klein, dick, dünn, bebildert oder nicht. X verschiedene Übersetzungen, Konkordanzen und Erläuterungen dazu. Du brauchst nur noch nachzulesen. Dank Martin Luther, der die Bibel erstmals aus dem Lateinischen in ein verständliches Deutsch übersetzt hat, wurde sie der breiten Masse damals überhaupt erst zugänglich. Gleichzeitig kam Gutenberg mit dem Buchdruck. Sein erster Druck war Luthers Bibelübersetzung.

Du magst sagen: „Ich habe sowieso wenig Zeit und jetzt soll ich auch noch Bibel lesen?" Stimmt! In diesem Zusammenhang wird Martin Luther gerne zitiert:

„Ich habe so viel zu tun, dass ich die ersten drei Stunden im Gebet verbringen sollte."

Und ich füge noch hinzu: „... und in Gottes Wort studieren". Das hat Luther den ganzen Tag lang gemacht, immerhin hat er die Bibel übersetzt, eine Aufgabe, die etliche Jahre gedauert hat.

Du brauchst natürlich nicht gleich drei Stunden am Morgen dafür aufwenden. Aber beginne mit Gebet und einer guten Dosis „Logos". Glaube mir, deine Tage werden gesegnet sein.

Luthers Worte hören sich bei erster Betrachtung wie ein totaler Widerspruch an. Ich habe nicht genug Zeit, aber soll zusätzlich noch etwas tun.

Langjährige Christen, die das getan haben können dir bestätigen, dass vieles wesentlich einfacher geht, wenn wir nicht aus uns selbst heraus losziehen, sondern unsere Angelegenheiten bereits vor Beginn immer wieder vor Gott bringen und auf ihn vertrauen.

Der Manager plant seine Zeit, er plant sein Unternehmen. Er wendet zum Teil viel Zeit auf für Planung, Kontrolle des Geplanten und bei Bedarf Korrektur seiner Vorgehensweise. Das tut er schlicht und ergreifend aus dem einen Grund, dass er mit möglichst wenig Aufwand dorthin kommt, wo er sich und sein Unternehmen haben will. Er investiert Zeit, um Zeit zu haben.

Wenn du regelmäßig in Gott investierst, wird *er* dein Leben in die richtige Spur leiten. Dann kannst du oft nur staunen, was in welchem Umfang alles wieder zu dir zurückfließt. Dein Leben wird reicher und erfüllter.

Die Bibel sagt in Matthäus 16, 26:
Was nützt es, wenn du die ganze Welt gewönnest und nähmest doch Schaden an deiner Seele?

Was haben wir in unserer Welt? Frust und Depressionen soweit du schaust. Da ist kaum jemand ausgenommen: reich, arm, Vorstand oder Arbeiter, Mann, Frau, farbig oder weiß. Willst du das denn? Willst du ein ganzes Leben lang mit einer Bittermine frustriert durch die Welt laufen?

1. Thess. 2, 13:
Darum danken wir Gott ohne Unterlass dafür, dass ihr das Wort der göttlichen Predigt, das ihr von uns empfangen habt, nicht als Menschenwort aufgenommen habt, sondern als das, was es in Wahrheit ist, als Gottes Wort, das in euch wirkt, die ihr glaubt.

Mt 22, 29:
Jesus aber antwortete und sprach zu ihnen: - gemeint waren die Saddduzäer, die wegen gesetzlicher Fragen herumstreiten wollten - *Ihr irrt, weil ihr weder die Schrift kennt noch die Kraft Gottes.*

Mt 4, 4:
Er aber antwortete und sprach: Es steht geschrieben (5.Mose 8,3): »Der Mensch lebt nicht vom Brot allein, sondern von einem jeden Wort, das aus dem Mund Gottes geht.«

Es geht nicht ohne Gottes Wort! Du brauchst die Bibel, diese Regelmäßigkeit mit Gottes Wort! Viele Christen rennen sonntags in ihre Gemeinde. Dort wird aus Gottes Wort gepredigt. Dann gehen sie nach

Hause und leben wieder ihren eigenen Stiefel, bis zum nächsten Sonntag.

Andere Christen lesen morgens zumindest die Losungen. Das ist eine Sammlung von Bibelversen für jeden Tag. Das kann sehr auf erbauend sein, aber das allein reicht nicht aus!

Es wird sehr viel gepredigt, aber leider auch sehr viel Unsinn, der sich oft schlau anhört, aber irgendwo an Gottes Wort vorbeiläuft. Wie willst du das denn unterscheiden, wenn du das Wort nicht kennst? Das ist unmöglich! Deshalb laufen so viele Menschen, auch Christen, irgendwelchen Lehren hinterher, die biblisch gesehen völlig haltlos sind. Gerade Gottes Wort wird oft manipuliert und verdreht wiedergegeben. Wenn du es nicht kennst, dann bist du diesem Phänomen hilflos ausgesetzt.

Vor Jahren rief mich eine gute Freundin an. Sie war keine wiedergeborene Christin und fragte mich über Gottes Wort aus. Sie war durch eine der vielen Lehren verunsichert worden. Ich konnte ihr helfen, weil ich ihre Situation mit der Hilfe von Gottes Wort bewerten konnte. So klärte ich sie anhand der Bibel auf und am Ende war ihr der Haken an dieser Lehre klar. Als wir uns verabschiedeten meinte sie noch: „Du kennst dich da aus, du weißt wie du damit umgehen sollst, aber was hätte ich schon machen können?"

Sie hatte recht, aber nicht, weil ich schlauer bin als sie, sondern lediglich, weil ich Gottes Wort wesentlich besser kenne.

Wenn ich krank bin, dann gehe ich zum Arzt. Wenn ich einen Vertrag prüfen lassen möchte, gehe ich zum

Juristen. Warum? – Sie sind Fachleute auf ihrem Gebiet und ich bin nur der Laie. Aber Jesus geht uns alle an, und zwar in jedem Bereich unseres Lebens. Da geht es tatsächlich um Leben und Tod! Wo landest du, wenn du gestorben bist, im Himmel oder in der Hölle? Die meisten können auf diese Frage keine Antwort geben.

Das hört sich wieder nach Schauermärchen für Kinder an, ist es aber nicht. Es gibt keinerlei Alternative! Willst du blind hineintappen, oder sagst du: „Nein, ich entscheide mich für das ewige Leben, für den Himmel?"

Wofür immer du dich entscheidest, es steht dir frei. Aber du brauchst Gottes Wort als feste Grundlage. „Die Bibel ist das Handbuch für das Leben", hat einmal jemand gesagt.

Jesus sagte (Lukas 11, 28):
Selig sind, die das Wort Gottes hören und bewahren.

Dabei wusste er genau, wovon er spricht. Das Fundament eines jeden Christenlebens sollte Gebet sein und das regelmäßige Studium von Gottes Wort, also der Bibel. Nur so kannst du Gott erleben, wie du es dir bis jetzt vielleicht niemals vorstellen konntest. Lies ein Kapitel, zwei, drei, vier, wie du Zeit und Lust hast, aber tu es regelmäßig! Du brauchst dir keinen Stress zu machen, aber je mehr du dich mit der Bibel beschäftigst, desto tiefer dringst du in Gottes Wort ein. Jeden Tag ein bisschen, wie gesagt, ganz ohne

Stress. Du musst nicht nächste Woche der große Fachmann sein. Ich studiere seit Jahrzehnten die Bibel. In dieser Zeit bleibt natürlich etliches hängen. Das schweißt mich mit Gott zusammen. Ich begegne ihm und er begegnet mir. Das ist kein blinder Glaube mehr, das ist gelebte Beziehung. Irgendwann muss ich diese Erde verlassen. Glaubst du denn, ich habe noch Angst vor dem Tod? Ich weiß doch, was Gott für mich vorbereitet hat. Es wird tausendmal schöner sein als das, was ich hier erleben darf.

Mein Körper wird irgendwann in den Sarg gelegt werden, begraben und verrotten. „Kostengünstig entsorgen", sage ich oft. Manche halten das für einen makabren Spruch. Aber meine Seele und mein Geist sind mein eigentliches ICH. Die leben weiter in Ewigkeit. Wir werden mit einem sogenannten verherrlichten Körper überkleidet, sagt die Bibel. Mein Geist wird nicht irgendwo als diffuse Wolke im Nirwana schweben. Nein, ich bekomme einen neuen Körper, der natürlich ganz anders gestrickt sein wird als der jetzige. Feinmaschiger, ohne Krankheit, Leid und sonstige stoffliche Begrenzungen. Aber ich bin und bleibe die individuelle Persönlichkeit, die ich auch jetzt schon bin. Ich bin und bleibe Roland Greger in alle Ewigkeit.

Mit dir ist es auch nicht anders. Auch du bleibst du, für immer! Es stellt sich nur die Frage: Wo wirst du deine Ewigkeit verbringen?

Ich habe mich für Gott entschieden, durch Jesus Christus. Er ist der Weg, die Wahrheit und das Leben. Er ist die Tür zu Gott dem Vater, die Tür zum ewigen Leben bei Gott.

Kannst du dich erinnern, als du frisch verliebt warst? Wie einfallsreich konntest du da sein. Da hattest du Zeit für deine Flamme, je mehr, je besser. Das ist gelebte Beziehung! Mit Gott, mit Jesus kannst du auch eine sehr innige Beziehung leben. Deshalb bete, rede mit Gott und beschäftige dich mit ihm, indem du in sein Wort eintauchst. Nur so kannst du diese Beziehung wirklich innig leben. Du wirst darin die schönsten Perlen und Edelsteine finden und, wie gesagt, das ewige Leben.

Lk 24,32:
Und sie (die Jünger) *sprachen untereinander: Brannte nicht unser Herz in uns, als er* (Jesus) *mit uns redete auf dem Wege und uns die Schrift öffnete?*

Lass dein Herz brennen, öffne dir die Schrift, lies in der Bibel. Tausche dich persönlich aus mit Menschen, die Gott kennen. Wenn du das tust, dann wirst du die herrlichsten Schätze finden. Unbezahlbare Schätze, die dir niemand jemals wieder wegnehmen kann. Trete vor Gott und sprich mit ihm, genauso wie du mit einem guten Freund sprichst, nicht als heruntergeleiertes, auswendig gelerntes oder abgelesenes Gebet. Nein, rede einfach mit ihm, wie dir der Schnabel gewachsen ist. Dann wirst du erleben, wie er dir begegnet auf eine Weise, die du dir heute vielleicht gar nicht vorstellen kannst.

ER hört Gebet, er erhört Gebet. Das hat er uns in seinem Wort versprochen und darauf kannst du ihn festnageln. Das gilt natürlich nur für Gebete, die mit seinem Willen übereinstimmen. Gott lässt sich nicht ändern oder manipulieren. Er ist derselbe gestern, heute und in Ewigkeit.

Lass dich ein auf das Abenteuer mit Gott durch Jesus. Wenn du in ein paar Jahren zurückschauen wirst, dann wirst du staunen, was du mit Gott alles erlebt hast.

Als letzter Feind wird der Tod weggetan

In diesem Kapitel bleiben wir weitgehend im 1. Korintherbrief 15. Wenn du die Bibel parallel offen hast, dann wirst du nicht viel blättern müssen, höchstens umblättern.

Diesen Brief hat Paulus an die Christengemeinde in Korinth geschrieben. Das war damals eine Weltstadt und ein großes Zentrum heidnischer Abgötterei. Hier war eine riesige christliche Gemeinde entstanden. Aber, wie fast überall, gab es natürlich auch dort Zweifler in den Gemeinden. Aus diesem Grund hat Paulus die Auferstehung Jesu noch einmal genauer betrachtet.

Das tun wir auch. Ohne die Auferstehung gäbe es im Grunde kein Christentum, dann wäre es nämlich sinnlos! Wenn du Christ bist, aber meinst: „Auferstehung, nein, so etwas gibt es nicht", dann gleicht das einem Käse ohne Milch. Gäbe es keine Milch, dann könntest du die ganze Welt durchforsten, würdest aber nirgends echten Käse finden!

Ebenso wäre jedes Christsein sinnlos ohne die Erlösung, die durch die Auferstehung Jesu erst zustande kam. Denn genau das war sein Auftrag, genau das haben die Propheten Hunderte von Jahren vorher im Alten Testament bereits angekündigt und niedergeschrieben.

1. Korintherbrief 15, 3 - 4

Denn ich habe euch vor allem überliefert, was ich auch empfangen habe: dass Christus für unsere Sünden gestorben ist nach den Schriften; und dass er begraben wurde und dass er auferweckt worden ist am dritten Tag nach den Schriften; und dass er Kephas erschienen ist, dann den Zwölfen.

Paulus schreibt den Korinthern, dass er ihnen das weitergegeben hat, was er selbst empfangen hat. Er hat es nicht gelesen oder wiederum von anderen gehört, er hat es empfangen! Woher? Dazu kommen wir gleich. Tatsache ist, er weist nochmals nachdrücklich darauf hin, dass Jesus für unsere Sünden gestorben ist.

Jesus war das letzte Opferlamm, das jemals sterben musste, um irgendwelche Sünden wegzunehmen. Bei den Juden im Altertum war das Ritual der Tieropfer Alltag. Seit dem Tod und der Auferstehung Jesu ist das ein für alle Mal Geschichte, vorbei, erledigt, weil Jesus gestorben ist für alle Sünden zu allen Zeiten in der ganzen Welt. Das ist wirksam bis heute und auch weiter in die Zukunft hinein.

Paulus fügt hinzu: „... nach den Schriften". Was hier passiert ist, entspricht exakt den Ankündigungen der alten Schriften. Die können wir im Alten Testament nachlesen. Darum ist es so wichtig für einen Christen, nicht nur im Neuen Testament zu stöbern. Wir brauchen diese Grundlagen unbedingt für das Verständnis der Erlösung, um die Erlösung eben nicht einfach blind hinnehmen zu müssen, nach dem Motto: „Du musst halt glauben!" - Nein, musst du nicht! Du findest das Wieso und Warum in den alten Schriften und dann wird alles verständlich und nachvollziehbar. Plötzlich ist dieser vermeintlich blinde, naive Glaube nicht mehr blind, schon gar nicht naiv, sondern er reift zur völligen Gewissheit. Er wird so klar wie eine mathematische Formel, die du begriffen hast.

Paulus wiederholt nochmals, dass bereits alles in den alten jüdischen Schriften angekündigt war, nämlich, der Messias wird in diese Welt kommen, sterben und begraben werden und drei Tage später ist er wieder da, er wird auferstehen. Genau das ist bei Jesus passiert!

Verse 5 bis 8:
... dass er (Jesus) *Kephas erschienen ist, dann den Zwölfen.*

Kephas ist der aramäische Name von Petrus und mit den Zwölfen sind die zwölf Apostel gemeint.

Danach erschien er mehr als fünfhundert Brüdern auf einmal, von denen die meisten bis jetzt übriggeblieben, einige aber auch entschlafen sind. Danach erschien er Jakobus, dann den Aposteln allen; zuletzt aber von allen, gleichsam der unzeitigen Geburt, erschien er auch mir.

Paulus zählt eine Menge Leute auf, denen Jesus nach seiner Auferstehung erschienen ist. Petrus, die Apostel und 500 weitere Männer. Ganz zum Schluss erwähnt Paulus auch sich selbst als Zeuge, der Jesus nach dessen Auferstehung gesehen hat.

Alle, außer Paulus, hatten Jesus vor dessen Tod persönlich gekannt. Jesus war ihnen erschienen, zum einen, damit sie ihn nicht länger beweinten, zum anderen als Beweis, dass er tatsächlich der von den Propheten angekündigte Messias war, dass durch ihn nun die Schriften erfüllt werden.

Dem Paulus war Jesus erst viel später erschienen. Er war Pharisäer, einer der Schriftgelehrten, die sich besonders über das Wirken von Jesus mokiert hatten. In der Zeit nach Jesus Tod entstand eine brutale Christenverfolgung, deren Rädelsführer Paulus war. Er riss Familien auseinander, warf Männer und Frauen zu Hunderten in die Kerker oder veranlasste deren Steinigung. Die Bibel sagt wörtlich: „Saulus (der frühere Name von Paulus) schnaubte vor Wut". Als er schließlich die Christengemeinde in Damaskus ausrotten will, wird er kurz vor Erreichen der Stadt jäh zu Boden geworfen.

Apostelgeschichte 9, ab Vers 3
Und plötzlich umstrahlte ihn ein Licht aus dem Himmel; und er fiel auf die Erde und hörte eine Stimme, die zu ihm sprach: Saul, Saul, was verfolgst du mich? Er aber sprach: Wer bist du, Herr? Er aber sagte: Ich bin Jesus, den du verfolgst. Doch steh auf und geh in die Stadt, und es wird dir gesagt werden, was du tun

sollst! Die Männer aber, die mit ihm des Weges zogen, standen sprachlos, da sie wohl die Stimme hörten, aber niemand sahen.

Das war Paulus' erste Begegnung mit dem Auferstandenen. Wenn du wissen willst, wie die Geschichte weitergeht, dann lies sie nach in der Apostelgeschichte, im neunten Kapitel.
Tatsache ist, dass aus Saulus, dem Christenverfolger nun Paulus, der Prediger und Apostel wurde. Es ist nachvollziehbar, denn wenn jemand Jesus selbst begegnet, dann kann er wohl kaum mehr an dessen Wirken zweifeln.

1. Korinther 15, ab Vers 12:
Wenn aber gepredigt wird, dass Christus aus den Toten auferweckt sei, wie sagen einige unter euch, dass es keine Auferstehung der Toten gebe? Wenn es aber keine Auferstehung der Toten gibt, so ist auch Christus nicht auferweckt;

Paulus spricht hier Zweifler an, so wie wir sie auch heute noch kennen. Paulus weiter:

... wenn aber Christus nicht auferweckt ist, so ist also auch unsere Predigt inhaltslos, inhaltslos aber auch euer Glaube.

Dein ganzer Glaube wird absurd, wenn du die Auferstehung nicht anerkennen kannst.

Wir werden aber auch als falsche Zeugen Gottes befunden, weil wir gegen Gott bezeugt haben, dass er Christus auferweckt habe, den er nicht auferweckt hat, wenn wirklich Tote nicht auferweckt werden.

Paulus sagt hier, dass er selbst quasi Gott verarscht hätte, wenn das mit der Auferstehung nicht stimmen würde. Die Menschen damals hatten einen tief verwurzelten Glauben. Würde sich jemand mit Gott einen Spaß erlauben, dann hätte er ein knallheißes Eisen angefasst.

Denn wenn Tote nicht auferweckt werden, so ist auch Christus nicht auferweckt. Wenn aber Christus nicht auferweckt ist, so ist euer Glaube nichtig, so seid ihr noch in euren Sünden.

Dann wäre alles umsonst gewesen. Immer noch kein Messias da, immer noch in der Sünde. Der direkte Zugang in den Himmel wäre uns weiterhin verwehrt.

Also sind auch die, welche in Christus entschlafen sind – also die gestorben sind und gläubig an Jesus waren -, *verloren gegangen. Wenn wir allein in diesem Leben auf Christus gehofft haben, so sind wir die elendesten von allen Menschen.*

Dumm gelaufen, wenn die Auferstehung nur ein menschengemachter Mythos wäre. Wenn du daran nicht glauben kannst oder willst, dann hänge deinen christlichen Glauben an den Nagel! Dann hätte er nämlich seinen ursprünglichen Sinn verfehlt. Das ist nicht meine Interpretation, so schreibt es Paulus in der Bibel.

Nochmals Verse 17 bis 19:

Wenn aber Christus nicht auferweckt ist, so ist euer Glaube nichtig, so seid ihr noch in euren Sünden. Also sind auch die, welche in Christus entschlafen sind, verloren gegangen. Wenn wir allein in diesem Leben auf Christus gehofft haben, so sind wir die elendesten von allen Menschen.

Wir könnten es auch salopp formulieren: „... dann wären wir plemplem und völlig naiv!" Und genau das ist die Meinung vieler über die Christen. Aber Paulus argumentiert treffend weiter.

Verse 20 und folgende:
Nun aber ist Christus aus den Toten auferweckt, der Erstling der Entschlafenen;

Paulus tritt nun ganz massiv auf: „Was willst du denn eigentlich? Jesus ist nun mal von den Toten auferweckt worden! Er war der Erste von allen." Schlussfolgerung: Es kommen noch Etliche nach.

... denn da ja durch einen Menschen der Tod kam, so auch durch einen Menschen die Auferstehung der Toten.

Wen meint Paulus da? Das klärt er gleich auf.

Denn wie in Adam alle sterben, (Anm.: Der Tod kam mit dem Sündenfall in diese Welt) *so werden auch in Christus alle lebendig gemacht werden.*

Das ist das ewige Leben, das uns die Bibel mehrfach verspricht!

Jeder aber in seiner eigenen Ordnung: der Erstling, Christus; sodann die, welche Christus gehören bei seiner Ankunft;

Also, zuerst Jesus. Der ist bereits auferweckt worden. Dann du und ich und viele weitere, sofern sie an Jesus glauben.

dann das Ende, wenn er das Reich dem Gott und Vater übergibt; wenn er alle Herrschaft und alle Gewalt und Macht weggetan hat.

Mit Herrschaft, Gewalt und Macht meint Paulus die finsteren Mächte, die aktuell in dieser Welt herrschen: Satan, seine Dämonen und die ganze Hierarchie, die sich da aufgebaut hat.

Denn er muss herrschen, bis er alle Feinde unter seine Füße gelegt hat. Als letzter Feind wird der Tod weggetan.

Wir müssen versuchen, uns von unseren festgefrästen Denkmustern zu lösen. Der Tod wird weggetan, das steht hier! Ein Ding, das uns von klein auf in den Kopf eingehämmert wurde: „Du musst eines Tages sterben!", wird hier ad absurdum geführt. Du musst eben *nicht* sterben. Der Tod wird ausgelöscht, du kannst ewig leben!

Der Tod kam nur durch die Sünde in diese Welt. In dem Moment, als die Sünde endgültig überwunden wurde, ist auch der Tod ausgerottet worden.

Wir haben den Urzustand wieder. Jesus hat am Kreuz alle Sünde auf sich genommen. Sie ist weg! Du brauchst es nur anzunehmen und das ewige Leben ist die natürliche Folge daraus. Natürlich wird dein Körper sterben und begraben werden. Na und? Gott hat einen viel besseren für dich parat. Dein Geist und deine Seele können nicht sterben, die bekommen den sogenannten verherrlichten Körper.

1. Korinther 15, 35:
Es wird aber jemand sagen: Wie werden die Toten auferweckt? Und mit was für einem Leib kommen sie?

Das haben wir gerade vorweggenommen: mit dem verherrlichten Leib. In den nächsten Versen geht Paulus erst einmal auf die verschiedenen Arten von

Leibern ein, wie wir sie kennen: der Mensch, das Vieh, der Fisch, der Vogel. Unterschiedliche Leiber, alle aus Fleisch. Aber dann:

Vers 40:
Und es gibt himmlische Leiber und irdische Leiber. Aber anders ist der Glanz der himmlischen, anders der der irdischen;

Damit bringt Paulus wieder eine Metapher, einen bildhaften Vergleich:

... ein anderer der Glanz der Sonne und ein anderer der Glanz des Mondes und ein anderer der Glanz der Sterne, denn es unterscheidet sich Stern von Stern an Glanz.
So ist auch die Auferstehung der Toten. Es wird gesät in Vergänglichkeit (Das ist der fleischliche Körper)*, es wird auferweckt in Unvergänglichkeit* (Der verherrlichte Körper).

Und noch ein paar Beispiele zwischen fleischlichem und verherrlichtem Körper:

Es wird gesät in Unehre, es wird auferweckt in Herrlichkeit; es wird gesät in Schwachheit, es wird auferweckt in Kraft;

Dadurch wird einfach die Unterschiedlichkeit dieser beiden Arten von Leib deutlich. Und dann kommt Paulus auf den Punkt:

... es wird gesät ein natürlicher Leib, es wird auferweckt ein geistlicher Leib. Wenn es einen natürlichen Leib gibt, so gibt es auch einen geistlichen. So steht auch geschrieben: "Der erste Mensch, Adam, wurde zu einer lebendigen Seele", der letzte Adam zu einem lebendig machenden Geist. Aber das Geistliche ist nicht zuerst, sondern das Natürliche, danach das Geistliche.

Demnach muss der Mensch zuerst in dieser physischen Welt existieren, um danach in der Himmelswelt leben zu dürfen.

Der erste Mensch ist von der Erde, irdisch; der zweite Mensch vom Himmel. Wie der Irdische, so sind auch die Irdischen; und wie der Himmlische, so sind auch die Himmlischen. Und wie wir das Bild des Irdischen getragen haben, so werden wir auch das Bild des Himmlischen tragen. Dies aber sage ich, Brüder, dass Fleisch und Blut das Reich Gottes nicht erben können, auch die Vergänglichkeit nicht die Unvergänglichkeit erbt.

Paulus macht immer wieder deutlich, dass Fleischliches und Geistliches nicht miteinander existieren können, nur nacheinander. An einer anderen Stelle vergleicht er es mit einem Weizenkorn. Ein Weizenkorn trägt Leben in sich, aber dieses Leben wird niemals zutage kommen, wenn nicht dieses Korn in den

Boden geworfen wird und dort abstirbt. Denn nur dann kann es neues Leben hervorbringen. Das Weizenkorn stirbt und bringt einen neuen Keim und daraufhin einen neuen Halm mit einer Ähre und vielen weiteren Weizenkörnern hervor. Nur wenn deine fleischliche Hülle endlich weg ist, dann kann dein wahres Leben in dir hervorkommen.

Du lebst in Ewigkeit, wenn du bereit bist, die Spielregeln Gottes einzuhalten. Gott hat diese Welt geschaffen und alles was darin ist. Wir reden oft von der Natur, die sich selbst hervorragend regeln könnte, wenn nur wir Menschen nicht eingreifen würden.

Gott hat alles perfekt geschaffen und nur wir Menschen, die wir nach seinem schöpferischen Bild geschaffen sind, haben die Fähigkeit und die Macht darauf Einfluss zu nehmen. Du entscheidest selbst, ob du nach Gottes Regeln spielst, oder nicht, ob du ewig Leben willst, oder eben nicht.

1. Korinther 15. Die nächsten Verse – 51 und 52 - lesen wir zwar, gehen aber im Rahmen dieser „Grundausbildung" nicht weiter darauf ein. Die Kost dieses letzten Kapitels hier dürfte sicherlich in vielen Aspekten schwer genug sein.

1. Korinther 15, 51 – 52:
Siehe, ich sage euch ein Geheimnis: Wir werden nicht alle entschlafen, wir werden aber alle verwandelt werden, in einem Nu, in einem Augenblick, bei der letzten

*Posaune; denn posaunen wird es, und die Toten wer-
den auferweckt werden, unvergänglich sein, und wir
werden verwandelt werden.*

Das wollen wir hier so stehen lassen. Das Thema
„Entrückung" hier in diesen beiden Versen ist ein eigenes Thema, das in unserer heutigen Zeit mehr Bedeutung hat, denn je und es ist viel zu kostbar, als
dass wir es hier nur oberflächlich streifen.
Jetzt noch die restlichen Verse aus dem 1. Korintherbrief 15. Die brauche ich im Grunde gar nicht mehr
weiter zu kommentieren, denn die sprechen für sich.

Verse 53 bis 58:
*Denn dieses Vergängliche muss Unvergänglichkeit an-
ziehen und dieses Sterbliche Unsterblichkeit anziehen.
Wenn aber dieses Vergängliche Unvergänglichkeit anziehen und dieses Sterbliche Unsterblichkeit anziehen
wird, dann wird das Wort erfüllt werden, das geschrieben steht: "Verschlungen ist der Tod in Sieg."
"Wo ist, Tod, dein Sieg? Wo ist, Tod, dein Stachel?" Der
Stachel des Todes aber ist die Sünde, die Kraft der
Sünde aber das Gesetz. Gott aber sei Dank, der uns
den Sieg gibt durch unseren Herrn Jesus Christus! Daher, meine geliebten Brüder, seid fest, unerschütter-
lich, allezeit überreich in dem Werk des Herrn, da ihr
wisst, dass eure Mühe im Herrn nicht vergeblich ist!*

Die Ewigkeit wartet auf uns! Der Weg dorthin ist Jesus. Dieses Geschenk Gottes steht vor uns, wir brauchen es nur auszupacken. Herzlich willkommen im Club der Erlösten.

„Diese sind es, die aus der großen
Bedrängnis kommen, und haben
ihre Gewänder gewaschen und sie
weiß gemacht im Blut des Lammes.
... und Gott wird jede Träne von ihren
Augen abwischen"

(Offenbarung 7, 14 + 17)